ESSAI

SUR LES

APPARÉILS PROTHÉTIQUES

DES MEMBRES INFÉRIEURS

ESSAI

SUR LES

APPAREILS PROTHÉTIQUES

DES MEMBRES INFÉRIEURS

Par FERDINAND MARTIN

Chirurgien-Orthopédiste des Maisons d'éducation de la Légion-d'Honneur, Chirurgien-Mécanicien de l'Hôtel des Invalides, etc.

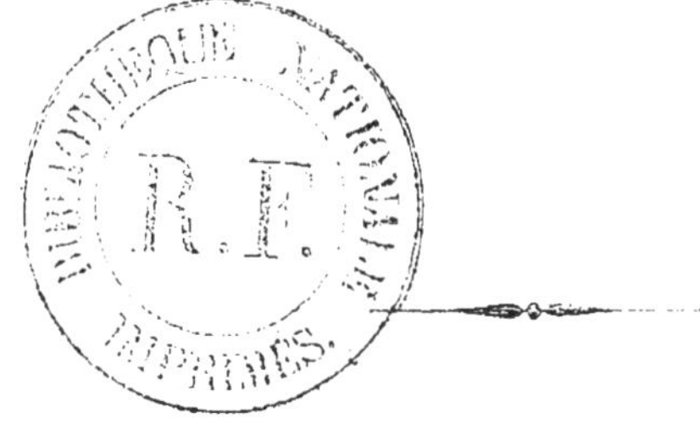

PARIS

CHEZ L'AUTEUR, 14, RUE GAILLON

ET CHEZ GERMER-BAILLÈRE, LIBRAIRE-ÉDITEUR

17, RUE DE L'ÉCOLE-DE-MÉDECINE

1850

Dans un Mémoire sur l'amputation sus-malléolaire, que nous avons présenté à l'Académie de médecine en 1840, mon ami le docteur Arnal et moi, nous avons donné un aperçu historique sur les membres artificiels qui ont été imaginés avant nos recherches pour ce cas particulier d'amputation.

A cette époque, il ne nous a pas toujours été permis de remonter aux ouvrages originaux, et nous avons dû donner, sur la foi des auteurs classiques, certaines citations que j'ai depuis reconnues fautives.

Voilà donc des erreurs que nous avons eu le tort d'accepter comme des vérités et de reproduire.

Elles ne sont pas les seules auxquelles le sujet qui nous avait occupés ait donné lieu ; d'autres encore pourraient être signalées dans les diverses appréciations qui ont été faites de mes nouveaux appareils prothétiques. Quels que soient les auteurs à qui elles appartiennent, je prendrai soin de les rectifier d'une manière plus ou moins expresse dans la suite de cet opuscule.

En outre, notre premier travail ayant pour but l'amputation sus-malléolaire seulement, nous dûmes nous restreindre à ne parler que des membres artificiels employés pour ce cas particulier. Aujourd'hui, je présente une nomenclature et une description critique des membres artificiels mis en usage, à toutes les époques, dans les différents cas d'amputation du membre inférieur ; je traite encore des moyens prothétiques usités jusqu'à ce jour, ou imaginés par moi, pour rendre la station possible et masquer la difformité, dans les accidents de brièveté du membre, de fracture non consolidée, etc.

Je joindrai à cette notice tous les dessins intéressants que j'ai pu copier dans les auteurs, ainsi que ceux des membres artificiels imaginés par moi pour les cas d'amputation sus-malléolaire, d'amputation au lieu d'élection, d'amputation de la cuisse, d'amputation dans l'articulation coxo-fémorale, dans l'articulation fémoro-tibiale, et enfin dans les cas d'amputations partielles du pied. Je terminerai par les dessins et la description de quelques appareils pour les cas de fractures, de luxations, etc.

Je laisse de côté toute la partie chirurgicale, je renonce à toute discussion sur le mérite de telle ou telle méthode d'amputation, et ne veux traiter, dans cette notice, que du sujet annoncé : *Les appareils prothétiques des membres inférieurs* (1).

(1) Cependant, si la lecture du présent essai inspire quelque confiance pour la méthode de l'auteur et fait naître la curiosité d'étudier avec lui une question spéciale, mais intéressante, de chirurgie, je mets à la disposition de tout docteur qui voudra le faire prendre chez moi, ou chez mon libraire, un exemplaire de notre *Mémoire sur l'Amputation sus-malléo-*

J'ai consulté tous les ouvrages qu'une poursuite patiente m'a permis de recueillir, ceux que les bibliothèques publiques et particulières ont pu me présenter. J'ai aussi fouillé nos musées ; malheureusement je n'y ai trouvé que quelques appareils, portant même souvent des indications fautives d'auteurs.

Dans l'exposé qui va suivre, je placerai, autant que possible, les descriptions dans l'ordre chronologique, et rendrai à chaque auteur la part qui lui revient dans les perfectionnements successifs des moyens prothétiques. Ainsi, on pourra suivre les améliorations progressives qui ont fait les jambes artificielles ce qu'elles sont.

J'entre donc immédiatement en matière, en reprenant de notre première publication tout ce dont

laire, inséré dans les Mémoires de l'Académie de médecine (t. X, 1842), au nom de mon collaborateur, M. le Dr Arnal, au mien. Cet ouvrage, que j'ai fait tirer à part dans le but d'éclairer cette question, n'a jamais été mis en vente et sera délivré gratuitement, ou ajouté à cet essai.

l'exactitude m'a été démontré par des vérifications scrupuleuses, et en ajoutant la description de la nouvelle jambe artificielle que, depuis ce premier exposé de doctrine, j'ai imaginée pour le cas d'amputation sus-malléolaire. Je commencerai par énoncer les moyens prothétiques employés dans cette dernière circonstance, et qui sont devenus, comme on le verra, le point de départ des perfectionnements que j'ai apportés aux appareils des autres amputations.

FERDINAND MARTIN.

Essai sur les Appareils Prothétiques des Membres inférieurs

§ I. Historique, Amputation sus-malléolaire.

Les fastes de la science présentent en grand nombre, en trop grand nombre peut-être, des machines et des appareils propres à réduire les luxations et les fractures ; mais ils sont singulièrement pauvres de moyens de prothèse proprement dits. Pour se convaincre de la vérité de notre assertion, il suffira d'un coup d'œil jeté rapidement sur l'histoire.

Peyrilhe fait remonter doctement à Jupiter la première idée des membres artificiels. Chez le roi Tantale, qui servit aux dieux, dans un festin, les membres de son fils Pélops, un bras de l'enfant fut mangé par Cérès. Jupiter ranima Pélops et lui mit un bras d'ivoire.

.... Humeroque Pelops insignis eburno (1).

Sans accepter sérieusement cette indication,

(1) Virgile, *Géorgiques*, lib. IV.

et pour parler ici d'une manière générale, on peut croire que les moyens de prothèse datent de la plus haute antiquité.

A la vérité, ceux qui, dans les temps les plus reculés, avaient perdu le bras ou l'avant-bras, ne pouvaient, quoi qu'en dise l'exemple précédent, songer à le remplacer par des appareils artificiels qui auraient exigé chez l'inventeur plus d'habileté et une entente plus avancée des lois de la mécanique que ne le comportait l'époque. Cette assertion est d'autant plus vraisemblable que, de nos jours même, les appareils sont très compliqués, difficiles à mettre en usage, pesants, dispendieux et souvent plus gênants qu'utiles. Mais s'il s'agissait d'une cuisse ou d'une jambe amputée, la question n'est plus la même : l'appareil pouvant être des plus simples, il ne fallait ni grands efforts de génie ni profondes recherches pour parer d'une manière à peu près convenable à la difformité. En fin de compte, il suffisait, si l'on veut, d'un simple support solide et inflexible : évidemment l'idée doit en être venue au premier homme frappé de l'une ou l'autre de ces mutilations; la nécessité même devait l'enseigner au moins habile.

Nous le répétons, nul doute que, dès la plus haute antiquité, on ne se soit servi de supports propres à faciliter la progression; peut-être ce support n'était-il qu'une simple branche d'arbre bifurquée, ou peut-être déjà le modeste pilon, dont les personnes peu aisées font encore usage de nos jours. Toutefois, il faut en convenir, les auteurs les plus anciens ne nous donnent aucun renseignement à cet égard; Hippocrate lui-même, qui a si bien, si complètement résumé les connaissances médicales de son époque, ne dit rien des moyens de prothèse alors en usage. Nous n'avons rien trouvé non plus dans la collection de Nicette, pourtant si riche en reliques scientifiques; Cocchi, Mercurialis mêmes, qui ont si laborieusement recherché et interprété en détail les tables votives des vieux temples de l'Égypte et de la Grèce, n'ont pu confirmer, par la moindre preuve historique et positive, notre conviction raisonnée.

Qu'on parcoure les pages où ces auteurs ont comme entassé plusieurs siècles de l'histoire de la médecine; d'après les monuments, on verra bien mentionnés des instruments de toute espèce à l'usage de cet art (les moindres découvertes qui s'y rapportaient étaient, suivant une loi formelle, consacrées par les tables votives). On verra même citées jusqu'à des pinces, des limes à l'usage des dents, des sondes, etc. Nulle part il n'est question de membres artificiels; pourquoi? C'est que probablement, alors, on considérait ces moyens de prothèse comme dépendant plutôt de la mécanique que de l'art de guérir : précisément pour cette raison, les auteurs de médecine, à dater d'Hippocrate (vers 427 av. J.-C.), ont dû les regarder comme placés en dehors de leur sujet.

Cette hypothèse est confirmée par une citation de Percy (1), si toutefois il ne s'est pas trompé : il assure avoir vu deux marbres antiques qui représentaient des soldats revenant de la guerre, et parmi eux quelques mutilés porteurs de jambes de bois.

D'autre part, on peut remarquer dans un auteur à peu près contemporain d'Hippocrate la mention du fait suivant (et ce sont là les premières traces des moyens généraux de prothèse) : Hérodote rapporte (*Calliope*, liv. IX) qu'un nommé Hégésistrate, qui, du temps de Xercès, avait fait beaucoup de mal aux Spartiates, fut pris par eux et mis en

(1) *Dictionnaire des Sciences médicales*, tom. XXVI.

prison. Il eut le courage, dit Hérodote, de couper la partie de son pied maintenue dans les fers (1); il se sauva par un trou pratiqué à travers la muraille, et se fit faire plus tard un pied de bois (2).

On lit dans un poète, à la vérité bien postérieur, l'une des premières mentions de dents artificielles. Martial a dit :

Dentibus atque comis, nec te pudet, uteris emptis?

Or, si la simple coquetterie a pu, dès cette époque, inspirer l'idée d'un appareil prothétique tel que celui des dents, comment croire qu'on n'ait pas songé aux membres artificiels? Cette supposition n'est pas admissible, d'autant mieux que l'inspiration du bon sens le plus vulgaire suffisait, et au-delà, dans cette dernière circonstance. Au surplus, on cite comme un fait authentique l'histoire de ce jeune Lacédémonien qui, dans un combat, ayant perdu une jambe, se la fit remplacer *par une jambe de bois.* On se rappelle au moins la patriotique

(1) Ἀπέταμε τὸν ταρσὸν ἑωϋτοῦ. — « Il coupa son tarse. »

(2) Ὑγιὴς δὲ γενόμενος, καὶ προσποιησάμενος ξύλινον πόδα, κατεστήκεε ἐκ τῆς ἰθείης Λακεδαιμονίοις πολέμιος. — « S'étant guéri et s'étant fabriqué un pied de bois, il reprit aussitôt la campagne contre les Lacédémoniens. »

exhortation que sa mère lui adressa : « Console-toi, mon fils, tu ne pourras faire un pas sans te souvenir de ce que tu as fait pour ton pays! »

Les anciens faisaient donc usage de membres artificiels; mais quels étaient-ils? comment étaient-ils exécutés? quel en était le mécanisme? Toutes questions insolubles pour nous; car les historiens ou les poètes, chez lesquels nous trouvons l'énoncé des faits, se contentent de les rappeler sommairement et laissent les détails techniques aux hommes du métier. Nous ne pourrions rapporter que de vagues conjectures. Dès lors, il est préférable de borner là nos interprétations et de nous en tenir à ces considérations générales.

Que si, le flambeau de l'histoire à la main, nous continuons à sonder les ténèbres qui enveloppent les premiers développements de notre art dans une longue série de siècles postérieurs à celui d'Hippocrate, nous ne trouvons encore rien qui puisse satisfaire notre curiosité sur ce point. Mieux encore les auteurs de médecine sont, à cet égard, moins explicites que les historiens dont nous venons de parler. Celse lui-même (le croirait-on?), Celse ne dit pas un mot des moyens de prothèse qu'on employait à son époque pour remplacer les membres perdus. Et pourtant, dans un article remarquable, on le voit donner les premiers principes de la réparation des organes aux dépens des parties vivantes de leur voisinage, c'est-à-dire jeter hardiment les bases de l'*autoplastie*. Quel contraste! *De minimis non curat prætor*. Serait-ce par la même raison que les compilateurs les plus distingués qui sont venus après lui : Arétée, Soranus, Cœlius Aurelianus, etc., ont cru devoir garder le même silence?

Comment se fait-il que Galien les ait imités? Mais, il faut le dire, le temps lui aura peut-être manqué pour écrire le traité de chirurgie qu'il avait annoncé, si tant est que ce traité ne se soit pas perdu à quelque étape de son voyage à travers les siècles. Rien non plus dans Paul d'Égine, rien dans Aétius. Oribase lui-même, qui s'est attaché d'une manière toute particulière, presque minutieuse et fatigante, à nous faire connaître les divers appareils employés par les derniers Grecs, Oribase nous laisse dans la même incertitude que ses prédécesseurs. Il en est de même des Arabes et des Arabistes. Enfin, il faut descendre jusqu'à Amb. Paré pour trouver quelques détails sur ce sujet.

Dans l'ouvrage du grand maître, on voit en effet, pour la première fois, des modèles d'appareils propres à remplacer, soit les membres supérieurs, soit les membres inférieurs (1). Ces modèles sont déjà très ingénieux, très savants, et, certes, leur degré de perfection suffirait bien pour prouver notre assertion, savoir : que la première idée date de loin; car il est impossible qu'on ait pu atteindre ce point de perfection préliminaire sans avoir, au préalable, longtemps essayé. Les appareils prothétiques du membre inférieur sont mentionnés par lui sous une double dénomination : le premier, qu'il appelle *jambe des pauvres*, représente exactement le modeste pilon tel qu'il est encore employé de nos jours. Quant au membre artificiel qu'il appelle *jambe des riches* (2), il n'est applicable qu'à l'amputation de la cuisse. On est frappé, au premier aspect, de son apparence d'ingénieuse simplicité : le

(1) OEuvres d'Amb. Paré, dixiesme edition, Lyon, MDCXLI, page 582.

(2) Voyez Pl. '8.

point d'appui est étendu, placé à la partie supérieure de la cuisse ; par conséquent il s'éloigne autant que possible de l'extrémité du moignon. Les articulations du pied et du genou paraissent bien comprises et habilement exécutées, etc. Cependant, on se sent moins disposé à l'approbation à mesure qu'on pénètre dans la structure intime de l'appareil et dans le mécanisme de ses mouvements. On reconnaît en effet qu'il devait être peu sûr, d'un emploi difficile, lourd dans son ensemble et compliqué dans ses détails. Ajoutons que la flexion et l'extension n'ont lieu qu'à l'aide de la main qui tire un lien attaché à une *gaschette qui tient le baston* (l'axe de la jambe) *droit et ferme*, *de peur qu'il ne renuerse.* En faut-il conclure que ces mouvements de flexion et d'extension avaient lieu pendant la marche, et que celle-ci s'exécutait comme dans l'état normal ? Nous ne pouvons certainement répondre affirmativement ; d'abord Amb. Paré est très peu explicite dans sa description, il se contente de donner une simple indication des différentes pièces de l'appareil sans le moindre détail sur l'effet obtenu. Ensuite nous trouvons dans cette description, toute succincte qu'elle soit, un passage qui donne rait à penser que la flexion avait pour but seulement de rendre la station assise plus facile. Il dit en effet : *l'anneau auquel est attaché une corde pour tirer la gaschette, afin que le baston se puisse plier, lors qu'on se sied, et que l'on est à cheual.*

Du reste, nous examinerons le mécanisme des mouvements du genou et du pied surtout, lorsque nous ferons l'examen comparatif des divers appareils prothétiques.

Tous les auteurs qui ont suivi Amb. Paré, entre autres Scuttet, dans son *Armentarium chirurgiæ*, ont copié les dessins et les descriptions précédentes à peu près mot pour mot; de telle sorte que, sauf quelques modifications, à peine dignes d'être notées, ce moyen de prothèse est resté, jusqu'à nos jours, dans son état d'imperfection primitive, et, en somme, le pilon et le cuissart inflexible sont encore les appareils dont les amputés se servent de préférence.

Cependant, lisez les auteurs modernes : à les entendre, tout est pour le mieux ; on n'a plus rien à désirer sous ce rapport, et, au-delà de ce qui existe, il n'y a plus que des impossibilités. Tous ont vu des membres artificiels imitant parfaitement les membres que nous tenons de la nature, et les remplaçant complètement dans leurs fonctions ; il n'y manque que la vie ! Tous ont vu les mutilés porteurs de ces petits prodiges de mécanique, *marcher*, *courir*, *danser*, *sauter* avec la même facilité que s'ils n'avaient perdu aucune partie d'eux-mêmes (1) ; mais quel était le mécanisme réel de ces appareils? Personne ne l'a dit.

On a bien, il est vrai, parlé d'articulations du pied et du genou conservées, mais on ne s'est pas expliqué clairement sur leur manière d'agir, encore moins sur la puissance qui les mettait en jeu. Dans tous ces membres artificiels si extraordinaires, comme dans ceux des anciens dont nous venons de parler, ou bien les appareils ne montaient que jusqu'au genou et laissaient cette articulation libre (nous verrons à quelles conditions), ou bien ils montaient au-dessus du genou ; alors l'articulation n'était conservée que pour donner plus de grâce à ces moyens de prothèse, en les rapprochant le plus possible de la forme naturelle des membres. Il nous est donc permis de conclure : 1° que ces appareils étaient absolument rigides pendant la marche ;

(1) Voyez Percy ; *Loco cit.*

2° qu'ils se fléchissaient, mais seulement à l'aide d'un ressort pendant la station assise. Il résulte de là, en dernière analyse, que, dans le premier cas, leur mode d'action est le même que celui des anciennes *bottines*. Or, il a toujours fallu, après un usage assez peu prolongé, renoncer à ce dernier appareil, qui n'a rendu que par exception de très rares services à quelques amputés privilégiés. Sans doute de ce nombre était le comte de Somberg, qui put faire six lieues à pied avec une jambe de bois que Percy lui fit faire à Brandbourg (1). On citerait peut-être encore le fils du chirurgien de l'Impératrice de Russie, dont on a tant parlé à l'occasion de l'appareil que son père lui-même imagina, à l'époque de la campagne de Moscou.

Maintenant, dans le second cas, c'est-à-dire lorsque les appareils étaient fixés au-dessus du genou, le mode d'action, pendant la marche, était à peu près le même que celui du pilon ou du cuissard inflexible.

Cependant, nous devons le dire, Percy parle à plusieurs reprises de jambes artificielles qu'il a ima-

(1) *Dictionnaire des Sciences médicales*, tom. XXVI.

ginées, et dans lesquelles les mouvements de flexion et d'extension étaient conservés; mais, encore une fois, rien ne prouve que ces mouvements s'exécutassent pendant la marche : or, là est le point essentiel; à moins toutefois qu'il n'ait voulu parler de l'appareil dont il donne la description, appareil qui, ne montant pas jusqu'au genou et prenant son point d'*appui* sur l'extrémité du moignon, et sur les tubérosités du tibia, gardait tous les inconvénients des bottines.

Nous savons bien aussi que d'autres chirurgiens se sont vantés d'avoir obtenu des membres artificiels à flexion et à extension ; mais la preuve en est encore à fournir, à moins qu'il ne s'agisse de ces appareils qui, comme nous l'avons déjà dit, ne dépassant pas le genou, laissent libre l'articulation fémoro-tibiale et lui permettent d'exécuter quelques mouvements. Mais il faut remarquer avec Percy lui-même (*loco cit.*) que quelques amputés seulement peuvent faire usage de ces moyens prothétiques.

Au surplus, ce n'est pas d'aujourd'hui seulement qu'on a prétendu à des succès de cette nature : Verduin, en effet, pour faire adopter sa méthode *à lambeaux* pour le cas d'amputation de la jambe, parle d'un jeune homme à qui il fit faire une jambe artificielle que nous décrirons tout-à-l'heure. Avec cet appareil, le mutilé marchait et pliait si facilement le genou, qu'il était impossible, assure Verduin, de dire laquelle lui était plus commode, de la jambe naturelle ou de la jambe de bois; mais, selon la remarque judicieuse de Louis (1), « une » telle exagération ne tire pas à conséquence de la » part d'un auteur dont le faible est toujours d'in- » sister sur le mérite de son invention. »

Nous ne pousserons pas plus loin les considérations générales sur les moyens de prothèse présentés pour les différents cas d'amputation de la jambe, et nous nous occuperons immédiatement de ceux qui sont spécialement destinés à l'amputation sus-malléolaire. Nous l'avons dit, en eux est le point de départ des divers perfectionnements que nous avons apportés aux moyens prothétiques des membres inférieurs en général.

Il serait fastidieux, si ce n'est complètement inutile, de décrire ici tour à tour, avec détail, chacun

(1) *Mémoires de l'Académie royale de chirurgie.*

de ces appareils; aussi nous contenterons-nous d'indiquer ceux qui nous paraissent réunir le plus de conditions favorables; nous en ferons une description sommaire, en indiquant les sources où nous avons puisé. Nous insisterons surtout sur les appareils nommés *bottines*, parce que, à l'instar des bottines, ils prennent exclusivement leur point d'appui à la jambe.

On sait qu'Amb. Paré, le premier, a fixé les points où devait se pratiquer l'amputation; avant lui on opérait sur n'importe quelle partie des membres. Il faut en conclure que l'amputation à la partie inférieure a dû être pratiquée un grand nombre de fois non pas encore d'après un principe, mais au hasard de la maladie.

Partant de ce grand homme, et suivant l'ordre chronologique, nous apprenons de Jacob Jonge (1) que, en 1679, Lowdham, chirurgien anglais, a le premier pratiqué l'amputation sus-malléolaire d'après des idées théoriques; mais nous n'avons pu découvrir quel moyen il avait employé pour faire marcher son opéré.

(1) *Currus triumphalis à terebenthinâ.*

Un peu plus tard, en 1684, Van Solingen pratiqua cette amputation, et nous trouvons dans le *Cours d'opérations* de Dionis (9me *démonstration*) une description de sa bottine. Elle consiste en « un » pied de bois qu'il fait tenir avec deux attelles d'a- » cier minces et polies, fermées sur les côtés de la » jambe par des écrous. »

Nous devons faire remarquer tout d'abord que nous trouvons là le premier exemple d'un pied artificiel fixé à la jambe amputée à l'aide d'attelles d'acier, et ne montant que jusqu'au-dessous du genou; en un mot c'est, à notre connaissance, le premier exemple de bottine pour le cas d'amputation sus-malléolaire.

En 1696 Verduin, ayant reconnu sans doute le peu de solidité que présentait l'appareil de Van Solingen, son compatriote, pour la station et la progression, en imagina un autre qui prenait son point d'appui à la cuisse (1). Cette jambe se compose d'un pied de bois sur lequel sont fixées deux attelles d'acier, montant jusqu'au niveau de l'articulation du genou; une botte en cuivre emboîte le

(1) Voyez Pl. 1.

moignon et est rivée sur les attelles jambières; un cuissart, dont la partie antérieure est en fer, embrasse la cuisse presque jusqu'à sa partie supérieure, et vient s'articuler par ginglyme avec les attelles jambières. Le cuissart, garni intérieurement en veau, est ouvert en arrière pour donner passage à la cuisse; il est fermé par une large bande de cuir lacée sur le côté, et qui doit le fixer solidement. Un étui en chamois enveloppe le moignon et la cuisse, et les protége contre le contact de l'appareil. Enfin un coussin mollet garnit le fond de l'appareil et soutient l'extrémité du moignon.

Nous voyons donc que, dès les premiers essais tentés pour favoriser la station et la progression dans le cas d'amputation de la jambe à sa partie inférieure, on a cherché à prendre un point d'appui sur la cuisse, afin de s'éloigner autant que possible de l'extrémité du moignon. Si, dans les tentatives qui ont suivi et se sont succédé depuis un siècle et demi, on s'était attaché au même ordre d'idées, si on avait cherché un point d'appui loin de la cicatrice, on serait arrivé depuis longtemps à la solution d'un problème resté insoluble jusqu'à nos jours. Au contraire, ainsi que nous allons le montrer, toujours roulant dans le même cercle, et pour ainsi dire retombant dans la même ornière, on a reculé jusqu'aux idées de Van Solingen, et on y est resté.

En 1740, Bromfield pratiqua aussi l'amputation sus-malléolaire; la guérison fut très rapide, et le malade marcha si bien ensuite à l'aide d'une machine très simple, qu'au dire de l'auteur on s'apercevait à peine de la mutilation; mais nous n'avons pu obtenir le moindre renseignement sur la structure de cette bottine.

Toujours, en suivant l'ordre chronologique, nous arrivons naturellement à Ravaton (1755). Sa bottine est peut-être celle qui a eu et a encore le plus de célébrité dans les cours et les ouvrages de chirurgie.

Le chirurgien de Landau s'attacha, lui aussi, à garantir le plus possible la cicatrice du moignon, et imagina de faire supporter le poids du corps par tous les points de la surface extérieure de la jambe. Il fit construire, à cet effet, une bottine conique (1) dans laquelle la partie libre du moignon se trouvait

(1) Voyez. Pl. 2.

comme suspendue, et par conséquent presque à l'abri de toute pression directe et douloureuse, sur le coussin inférieur; mais il résultait de là un danger plus grand que celui qu'on avait cru éviter, car, indépendamment des excoriations qui avaient lieu çà et là sur les divers points de la jambe, la peau se trouvait encore, pendant la marche, repoussée fortement vers le haut, d'où tiraillement de la cicatrice et souvent déchirure. Voici, du reste, un exemple qui fera apprécier, mieux que tout ce que nous pourrions dire, les inconvénients de cet appareil. Morand rapporte, dans ses *Opuscules de Chirurgie*, ce fait authentique :

Le cavalier du régiment de Schomberg, amputé à Landau, à la partie inférieure de la jambe par Ravaton lui-même, put en effet se servir tout d'abord de sa bottine et aller rejoindre son régiment en Dauphiné; mais au bout d'un mois la plaie se rouvrit, et il fut forcé d'entrer à l'Hôtel-des-Invalides. Le repos, des soins appropriés amenèrent la guérison; mais l'accident se renouvela, et l'amputé, pour en éviter le retour indéfini, fut forcé, dit Morand, d'abandonner pour toujours son premier appareil et de faire usage de la jambe de bois ordinaire, c'est-à-dire du pilon.

Les bottines coniques ont encore un inconvénient signalé par M. Goyrand, d'Aix : c'est que les muscles du mollet, s'atrophiant chaque jour davantage par suite du travail de résorption et par suite aussi de la pression de l'appareil, il arrive un moment où les dimensions du contenant et du contenu ne sont plus dans les rapports voulus, et bientôt on voit le moignon vaciller, la marche cesser d'être sûre, enfin la peau s'exfolie sur les points où le froissement est plus violent.

Nous trouvons, dans le *Cours complet de chirurgie* de B. Bell, les modèles de deux bottines pour le cas qui nous occupe : la première, de l'invention de Gavin Wilson, date de 1767 (1); elle est faite en cuir ferme durci, elle est doublée intérieurement *de peau de Chamois mollette.* Bell dit, en parlant de cet appareil, que « le poids de ceux qui font usage de ces espèces de jambes porte sur les condyles et la rotule, parce que le moignon reste suspendu sans aucune gêne dans le milieu de la jambe. » Le second modèle, à peu près semblable

(1) Voyez Pl. 3.

au premier, a été gravé par White, de Manchester, dans ses *Observations de Chirurgie.* La jambe ou bottine est en étain et recouverte de cuir mince (1).

Ces deux appareils sont jugés, si l'on se réfère à la critique même que nous avons faite de la bottine de Ravaton, dont elles conservent tous les inconvénients.

Il en est de même de l'appareil de Bruninghausen, décrit par le Dr Souleyra (thèse de Strasbourg, 1814) (2). Il est plus compliqué que les précédents : la partie qui doit recevoir le moignon est en cuivre, le reste est en bois et se compose de trois pièces; l'une représente le talon, la seconde le corps du pied proprement dit, et la troisième les orteils. L'ensemble reproduit, autant que possible, les articulations du pied à l'état de nature. En outre, l'appareil est garni d'une peau de chien dont le poil est dirigé en haut; le moignon est enveloppé d'une peau analogue, mais dont le poil est dirigé en sens inverse. Le fond de l'appareil est rempli par un coussin élastique. Comme on le voit, Bruninghausen connaissait bien les véritables prin-

(1) Voyez Pl. 4.
(2) Voyez Pl. 5.

cipes qui doivent diriger le chirurgien dans la construction de l'appareil prothétique; tous ses efforts tendaient à multiplier les points d'appui, pour éviter à la cicatrice des pressions et des tiraillements; mais sa bottine, outre les inconvénients démontrés des appareils de ce genre, pèche au moins encore par une inutile complication du pied.

La bottine dont faisaient usage les amputés de Vacca-Berlinghieri est, selon M. Salemi, de l'invention du Dr Mori, de Pise. Comment vaudrait-elle mieux que les autres, puisque le coussin intérieur est l'unique point d'appui du moignon? A la vérité, l'inventeur avait pensé qu'en articulant le pied par ginglyme avec le reste du membre, disposition qui n'existait pas dans la plupart des appareils que nous venons d'examiner, il en rendrait l'emploi plus facile; mais cette modification est loin de répondre à l'espérance qu'il en avait conçue, car, sans protéger davantage la cicatrice, elle ajoute une complication nouvelle et rend la marche encore moins assurée. Ajoutons, avec M. Salemi, que l'appareil tout entier étant de métal, et par conséquent très lourd, l'amputé en éprouve bientôt une grande fatigue, etc., etc.

M. Salemi, de Palerme, a, lui aussi, proposé une jambe artificielle. Elle consiste en une tige de botte en cuir, un pied de bois et un bas de peau de chamois, destiné à envelopper exactement le moignon. La première pièce est fixée à six tiges de fer, qui s'adaptent solidement,en bas au pied artificiel, et en haut à une zône en métal qui s'ouvre et se ferme au moyen d'une vis, quand la jambe est dans l'appareil. C'est aussi à cette zône que s'attache l'extrémité supérieure du bas; enfin il y a intérieurement un coussin qui sert de second point d'appui au moignon. M. Salemi, en modifiant ainsi la jambe de Brunninghausen, et toutes celles qui reposent sur le même principe, a rendu sa propre idée évidemment plus applicable, et a réduit les chances d'excoriation; il est pourtant encore bien loin de satisfaire complètement sur ce dernier point. De plus, il ne remédie pas aux inconvénients qui résultent de l'atrophie progressive du membre. Ajoutons enfin (et là est, selon nous, le vice le plus grave des bottines) que la marche est généralement mal assurée, et surtout qu'elle devient bientôt fatigante pour l'amputé, parce que le bras de levier qui agit sur l'appareil est très court, parce que le poids du corps et celui de l'appareil se trouvent porter exclusivement sur la jambe.

Verduin, comme nous l'avons déjà dit, avait, bien avant les auteurs que nous venons de citer, imaginé un appareil qui donnait une garantie de plus contre les accidents déjà énumérés : il reportait sur la cuisse elle-même la majeure partie de la pression.

En 1826, M. Serre, de Montpellier, proposait une nouvelle jambe artificielle, dont le mécanisme repose sur les mêmes principes que l'appareil de Verduin, en ce sens que le point d'appui est à la partie moyenne de la cuisse. Comme nous allons le démontrer, ce point d'appui n'est pas suffisant; il fallait en chercher un autre plus élevé, plus solide; il fallait remonter jusqu'à la tubérosité de l'ischion. Il a ajouté une articulation au pied; cette partie est moitié en liége, innovation qui rend l'appareil d'une légèreté remarquable. Cependant, on y retrouve tous les inconvénients que nous avons reprochés à la bottine de Verduin.

La question en était là; toujours les chirurgiens, faute d'appareils convenables, restaient indécis sur le parti à prendre dans le cas où les deux amputations étaient possibles, lorsqu'en 1835, Mille, d'Aix, imagina une nouvelle jambe artificielle qui permit à M. Goyrand de pratiquer plusieurs amputations sus-malléolaires. Pour ne rien omettre, nous emprunterons la description de l'appareil au mémoire que ce chirurgien a écrit sur cette question (1).

« Il se compose de quatre attelles d'acier, dont » deux jambières et deux fémorales. Ces attelles, » minces et légèrement creusées en gouttière, se joi- » gnent à la hauteur du genou par une articulation » à tête de compas. L'attelle fémorale interne se » prolonge supérieurement jusqu'à la hauteur de la » partie interne de la racine de la cuisse, et se fixe » en ce point à la zône supérieure; l'externe dé- » passe cette zône et s'élève jusqu'à la crête iliaque. » La première est droite; l'autre, arrivée au-dessus » du grand trochanter, décrit une courbe qui con- » tourne en avant cette apophyse, et vient enfin se » fixer au-dessus d'elle à une ceinture en cuir qui » embrasse le bassin. Les deux attelles fémorales

(1) Voyez *Journal hebdomadaire*, t. II, 1835, p. 161. — Voyez Pl. 6 et 7.

» sont en outre réunies à la hauteur de la racine de » la cuisse par une zône en tôle, ayant quatre pouces » de hauteur, dont le bord supérieur, qui corres- » pond en arrière à la tubérosité sciatique, est un » peu renversé en dehors, garni d'un bourrelet, et » sert de point d'appui principal. Au-dessus du ge- » nou, les deux attelles fémorales sont réunies an- » térieurement par une demi-zône d'acier qui s'ap- » plique exactement à la partie antérieure de la » cuisse, et qui est complétée en arrière par une » pièce en peau ou en coutil, qui se serre derrière » l'attelle externe au moyen d'un lacet. Les deux » attelles jambières sont réunies entre elles, en » avant, depuis le fond de la botte jusqu'au-dessous » de la saillie formée par les condyles du tibia, par » une autre feuille de tôle qui embrasse la partie » antérieure du moignon, en s'accommodant à ses » contours. En arrière, le moignon est embrassé par » une demi-guêtre en peau contiguë à la peau, qui » recouvre la tôle antérieure et les deux attelles » jambières sur les deux faces, et fortifiée par une » feuille de tôle mince et flexible. Cette demi-guêtre » se serre par un lacet en dehors du moignon, der- » rière l'attelle jambière externe. Le moignon est

» ainsi solidement fixé dans l'appareil, et son extré-
» mité reste à quelque distance du fond de la botte,
» et ne porte nullement. Inférieurement, les attelles
» jambières se fixent solidement à une pièce de bois
» ayant dix-huit lignes ou deux pouces de hauteur,
» qui forme le fond de la botte; puis, se renflant
» légèrement pour imiter les malléoles, descendent
» sur les côtés de l'articulation du fond de la botte
» avec le pied. Le fond de la botte et l'extrémité
» inférieure des attelles jambières s'articulent par
» un ginglyme angulaire parfait, avec un pied de
» bois formé de deux pièces mobiles, l'une sur
» l'autre, dont l'une, volumineuse, représente les
» régions tarsienne et métatarsienne, et la seconde
» les orteils. Les articulations du pied avec la jambe,
» et des deux pièces du pied entre elles, sont mu-
» nies d'un ressort disposé de telle manière que,
» dans l'état de repos, l'extrémité antérieure du
» pied est légèrement relevée, et la pièce digitale
» dans la direction de la face plantaire de la pièce
» principale. »

Si maintenant nous analysons cet appareil, si nous pénétrons dans sa structure intime, si nous interrogeons avec impartialité le jeu des diverses pièces qui le composent, nous devrons reconnaître qu'il est aussi heureusement conçu qu'habilement exécuté ; mais nous ferons aussi justice des exagérations dans les éloges qu'on lui a prodigués. Nous dirons que, dans son ensemble, il constitue un progrès réel, qu'il doit mériter la préférence sur tous ceux dont nous avons déjà parlé; mais, à tout prendre, il ne renferme aucune idée nouvelle, et il est remarquable seulement en ce sens qu'il résume en son mécanisme les divers principes qui ont successivement présidé à la construction de ces sortes d'appareils depuis Amb. Paré jusqu'à nos jours. En effet, sa forme imite exactement celle du membre naturel, mais les modèles d'Amb. Paré, de Scultet, de Verduin, de White, etc., ne laissent presque rien à désirer à cet égard. Les articulations du pied et du genou sont conservées, il est vrai ; mais, comme on l'a vu, cette idée date de loin, et nous pourrions dire qu'elle appartient tout entière à Verduin. Voudrait-on accorder à l'appareil de Mille le mérite d'offrir le premier exemple du point d'appui principal pris sur la tubérosité de l'ischion ? Ce serait encore une erreur, car nous trouvons déjà cette disposition dans *la jambe des riches* d'Amb.

Paré, et par conséquent bien longtemps auparavant. D'ailleurs, un habile mécanicien anglais, cité par B. Bell, Gavin Wilson avait aussi imaginé une jambe artificielle qui prenait pareillement son point d'appui à la partie supérieure de la cuisse. Cette modification n'est donc pas nouvelle; seulement, nous devons l'avouer, c'est à Mille que l'on en doit la première application au cas d'amputation sus-malléolaire. Nous ferons remarquer, en outre, que l'articulation du genou de l'appareil de Mille n'est, en aucune façon, supérieure à toutes celles qu'on a employées avant lui. Elle pèche par les mêmes inconvénients, et cela tout simplement parce que l'inventeur n'a fait aucun effort pour reproduire le mécanisme à la fois si simple et si ingénieux que la nature a donné à cette articulation; il y a même là oubli complet des lois les plus simples de la mécanique animale.

En effet, le centre de l'articulation du genou de l'appareil est placé en avant de l'axe du membre, et par conséquent en avant du point par lequel passe le centre de gravité du poids du corps. L'appareil présente donc un certain degré de demi-flexion, et la chute sans cesse imminente ne peut être évitée que grâce à une attention continuelle, à l'aide d'efforts assez violents et bientôt fort pénibles. Nous dirons encore que l'articulation du coude-pied manque de simplicité : l'auteur a eu le tort grave de vouloir, si nous pouvons ainsi parler, faire mieux que la nature. L'articulation des orteils elle-même est sans doute ingénieusement exécutée, mais il faut dire aussi qu'elle est complètement inutile ; car dans diverses circonstances, par exemple, lorsque le pied est maintenu dans une chaussure, le jeu de cette articulation est presque complètement supprimé. En la conservant dans sa machine, Mille n'a donc fait que consacrer une prétentieuse superfluité, une complication malheureuse, qui, sans besoin, grève la construction d'une difficulté de plus, et, ce qui est pis encore, rend la progression moins facile, moins assurée. Encore ne l'a-t-il pas inventée, car on la retrouve dans l'appareil de Bruninghausen, antérieur à Mille de bien des années.

Or, on sait qu'à la suite de toute amputation, particulièrement à la suite de l'amputation sus-malléolaire, il reste toujours une légère tendance à la flexion, non pas pourtant que les fléchisseurs gagnent, par le fait même de l'amputation, une prédominance réelle sur les extenseurs, mais plutôt peut-être parce que, pendant le traitement qui suit l'opération, le membre ne cesse d'être maintenu dans la demi-flexion, parce que les muscles au repos forcé s'atrophient, et le membre, diminuant en tous sens, éprouve une nouvelle tendance à se fléchir. Il résulte de là, surtout dans les cas de guérison lente, qu'avec les appareils ordinaires, le membre n'a plus assez de force pour se maintenir dans l'extension, lorsque le poids du corps repose sur lui. Par la même raison, l'amputé ne peut se tenir debout qu'au prix de violents efforts; il ne peut faire de longues marches sans éprouver une grande fatigue, et, ce qui est pis encore, il est sans cesse menacé de voir son membre se fléchir et la chute s'ensuivre.

Aussi, la plupart de ceux qui ont proposé des jambes artificielles se sont-ils déterminés à ne permettre la flexion que pour la station assise.

Pour obvier toutefois à cet inconvénient, quelques mécaniciens, Delacroix, entre autres, avaient imaginé d'ajouter un ressort qui vînt en aide aux muscles extenseurs. Mais comme la puissance d'un ressort augmente en raison directe du degré de tension, il en résultait précisément un effet inverse de celui que les inventeurs se proposaient d'obtenir ; l'action du ressort était faible pendant l'extension du membre, et très forte, au contraire, pendant la flexion. On conçoit sans peine alors combien les membres artificiels, construits d'après ce principe, devaient être gênants et insupportables pour les amputés, qui étaient bientôt forcés d'en suspendre l'usage.

Quant à nous, guidé par les notions physiologiques acceptées officiellement à cette époque, nous avons cherché à faire de ces notions une application raisonnée aux moyens prothétiques, convaincu que nous étions alors, qu'on n'atteindrait parfaitement le but qu'en favorisant l'extension sans agir le moins du monde sur la flexion ; nous nous sommes donc exclusivement attaché à chercher un mécanisme qui pût satisfaire à cette double condition. Voici comment nous y sommes parvenu :

Nous avons appliqué à notre premier appareil le principe qui fait agir la fusée d'une montre, en ayant soin, bien entendu, d'en exagérer l'effet. On sait que, dans ce mécanisme, la puissance du ressort est régularisée par la différence de longueur du levier sur lequel frappe l'action de ce ressort, ainsi transmise à la fusée à l'aide d'une chaîne ; et cela, parce que la longueur de ce bras de levier est en raison inverse de la force du ressort. Nous avons tellement raccourci le bras de levier dans cette circonstance, que nous sommes arrivé à zéro d'action quand la tension du ressort est à son maximum, c'est-à-dire lorsque la jambe est portée dans la flexion. Le principe trouvé, il ne s'agissait plus que de l'application, qui devenait l'affaire d'un ouvrier intelligent, le problème était résolu : voici en peu de mots la description de l'appareil entier :

Une gaîne en cuir épais, ayant la forme d'un cône à base supérieure, est destinée à embrasser exactement la cuisse, de façon à prendre des points d'appui sur toute l'étendue de sa surface ; par son contour supérieur, elle touche en outre la tubérosité sciatique, et, comme l'appareil de Mille, elle supporte en ce point la majeure partie du poids du corps.

A cette gaîne, se trouvent fixées latéralement deux tiges d'acier, qui descendent jusqu'au genou, et s'articulent à ce point par ginglyme parfait avec deux autres qui représentent la jambe, et se terminent inférieurement à un pied artificiel. Une gaîne en cuir souple s'adapte également à la jambe pour embrasser le moignon, le maintenir et le protéger contre les chocs extérieurs. Voilà pour la charpente générale de l'appareil, en quelque sorte pour son squelette; voyons maintenant la puissance qui doit le mettre en jeu, et arrêtons-nous particulièrement au genou, puisque, comme nous venons de le dire, c'est là que gît tout le secret de notre première invention.

Un ressort analogue à celui d'une batterie de fusil doit concourir à l'extension de la jambe, et voici comment : à son extrémité libre, s'attache une grosse chaîne de montre qui transmet son action à la fusée exagérée dont nous venons de parler. Celle-ci se fixe sur la branche d'acier adaptée au côté externe de la jambe; mais ce n'est pas tout : il fallait, avons-nous dit, une puissance forte dans l'extension, et nulle dans la flexion. Eh bien! rien de plus facile! Il s'agissait tout simplement de disposer d'une manière particulière les diverses pièces dont nous venons de parler; il nous a suffi d'attacher à l'extrémité d'une courbe parabolique le bout de la chaîne opposé au ressort. Or, l'extrémité la plus excentrique de cette courbe se trouve placée de telle sorte, que, lorsque le membre est dans l'extension, la chaîne doit agir presque dans la tangente de l'arc de cercle qu'elle décrit; tandis que dans la flexion, et lorsque l'arc de cercle décrit par elle est d'environ 40 degrés, l'action du ressort agissant parallèlement au centre de mouvement, la chaîne passe par la ligne des centres. Il résulte évidemment de là que le moment de la force va successivement en augmentant à mesure que le membre approche de l'extension complète, et qu'il diminue graduellement jusqu'au point de devenir complètement nul quand la flexion a atteint un certain degré ; or, tel est bien le résultat que nous nous étions proposé.

Plus tard, toujours dans le même but, nous avons modifié cette partie de notre appareil, et nous avons substitué un levier à la fusée et un tirage brisé à la chaîne (1). Nous avons obtenu, par cette disposition, une force plus considérable dans l'extension et le repos absolu dans la flexion, soit qu'on la porte à l'angle droit et au-delà, soit même qu'elle s'arrête à 40 degrés environ.

(1) Voyez Pl. 9.

Nous n'insisterons pas davantage sur la description de notre appareil; les explications données ici sont suffisantes pour tous ceux qui ont quelques connaissances en Mécanique. Ajoutons seulement que le pied est en partie de bois, rappelons qu'il est articulé par ginglyme avec un cylindre de même nature représentant le bas de la jambe, et sur lequel se fixent les extrémités inférieures des lames d'acier dont nous avons déjà parlé.

Maintenant, est-il bien certain que nous soyons parvenu à résoudre d'une manière satisfaisante le problème que nous nous étions proposé? Nous en sommes aujourd'hui plus persuadé que jamais. Et qu'on ne nous accuse pas de devoir notre conviction simplement à cette délicate vanité qu'on appelle modestie d'auteur : nous nous appuyons sur des faits patents et nombreux, nous nous appuyons surtout sur l'approbation formelle que nous a octroyée l'Académie de médecine (1). Au reste, nous le répétons, les faits sont publics, tout le monde a pu le constater : les amputés que nous avons eu l'honneur de présenter aux Académies des Sciences

(1) Rapport du 17 avril 1838, par Blandin, et du 11 octobre 1841, par M. le professeur Velpeau.

et de Médecine *marchent, courent, sautent, montent et descendent les escaliers, s'asseyent, se relèvent,* enfin exécutent avec la plus grande facilité, et sans la moindre fatigue, tous les mouvements naturels du membre.

Rappelons encore l'espèce d'étonnement avec lequel plusieurs membres de l'Académie ont accueilli l'un d'eux, qu'ils ont vu sauter à la corde avec la même aisance que s'il n'avait subi aucune mutilation. L'illusion a été si parfaite, qu'à l'exemple de l'honorable président de l'Institut, M. Magendie, *ils n'ont pu décider, à la vue seule, quelle était la jambe naturelle,* et, pour éviter une erreur, *ils ont eu besoin d'en appeler au toucher.*

En outre, l'usage de l'appareil est si simple que, sauf de rares exceptions, les amputés n'ont pas même à subir une sorte d'apprentissage : presque tous se servent tout d'abord de leur jambe artificielle avec autant de facilité qu'après une longue expérience. L'un d'eux surtout, M. de M...., s'est fait remarquer parmi tous les autres : dès le premier jour, il a pu faire sans fatigue des courses fort longues; il a pu se servir de son appareil avec une si grande aisance, que le Ministre de la

Marine, à qui il était venu faire une réclamation à ce sujet, a sérieusement douté de l'amputation, et a dû s'assurer par lui-même de la présence réelle de la jambe artificielle.

Cependant on a fait contre notre premier appareil quelques objections; nous ne pouvons les laisser sans réponse. Nous terminerons par notre justification la partie de ce travail qui a trait à nos premières jambes artificielles.

Dans un rapport qu'il a fait à l'Institut, M. Larrey a d'abord blâmé le choix du point d'appui que nous avions pris, d'une part, sur la tubérosité sciatique, et d'autre part sur toute la surface de la cuisse; il se fondait sur ce fait que le *bord supérieur de la gaîne crurale, quoique arrondi et garni de peau de chamois, excorie ou peut excorier les parties de ces régions, surtout les parties sexuelles chez la femme.* Nous n'avons qu'un mot à répondre : aucun des amputés qui se servent de nos appareils n'a eu à souffrir d'un accident semblable. Les femmes surtout sont parfaitement garanties, et cela par une excellente raison : c'est que l'appareil est échancré au niveau des parties externes de la génération, et n'arrive pas jusque là. M. Larrey ajoute qu'*il serait plus rationnel et plus avantageux de faire porter les principaux points d'appui sur la hanche et autour du bassin.* Nous n'avons qu'une réponse à faire à l'objection de M. Larrey : ce qu'il propose est *impossible*, à moins toutefois que la cuisse n'ait été amputée dans l'article, et certes ce n'est pas là le cas qui nous occupe.

Après avoir présenté des objections qu'il serait oiseux de reproduire, et par conséquent de réfuter, après avoir attaqué notre appareil de toutes les manières, après avoir blâmé sa construction et son application, M. Larrey termine cependant son rapport en concluant à l'approbation de l'Académie des Sciences; et cela parce que, selon lui, « *on y trouve un perfectionnement dans le ressort qui fait plier l'appareil et favorise la flexion du genou* » Nous pensons que l'honorable rapporteur a voulu dire *l'extension;* autrement nous serions forcé de croire qu'il n'a pas exactement compris le mécanisme que nous avons employé. Il est d'autant plus probable qu'il s'agit d'une simple substitution de mots, que le savant académicien dit lui-même que le moignon, après l'amputation, conserve une grande tendance à la flexion, disposition fâcheuse qui rend si difficile et si embarrassant l'emploi de tout appareil analogue à celui que nous avons proposé. Or, sans la supposition que nous venons de faire, il y aurait contradiction flagrante entre la conclusion et les principes de M. Larrey ; c'est ce que nous ne pouvons pas admettre.

Dans une occasion solennelle, un autre reproche assez grave nous a été adressé : on a dit « *que nous prétendions à tort avoir le premier pris le point d'appui de la jambe artificielle sur la tubérosité de l'ischion?* » Ce reproche n'est nullement fondé ; car, dans notre premier travail, nous faisons remonter cette idée à Amb. Paré, et enfin nous disons, page 80, que Mille, d'Aix, l'a appliquée avant nous ; et, loin de nous attribuer le mérite de la découverte, nous reprochions à Mille lui-même, qui nous précède, de ne pas en être l'inventeur.

On a encore accusé notre appareil d'être lourd et compliqué ; nous répondrons au premier de ces reproches que son poids dépasse à peine celui de la jambe de bois ordinaire, et que d'ailleurs ce poids, réparti sur toute l'étendue de la cuisse, devient à peu près insensible. Au reste, nous avons vu des personnes très faibles marcher toute la journée avec notre jambe artificielle et n'en éprouver, vers le soir, qu'une médiocre fatigue. Ce fait nous dispense de tout raisonnement.

Quant à la complication, nous avons reconnu nous-même ce défaut, comme on le verra dans la description que nous allons donner de notre nouvel appareil.

Ici se terminait la partie de notre Mémoire destinée à l'appréciation des moyens prothétiques employés pour le cas d'amputation sus-malléolaire. Ainsi que nous l'avons dit en commençant, nous avons reproduit ce Mémoire presque en entier. Nous avons fait pourtant quelques additions et quelques rectifications; ce travail de révision était nécessaire pour faire ressortir avec impartialité les avantages et les inconvénients que nous avons reconnus dans les appareils proposés.

Sur le rapport de M. le Professeur Velpeau, notre travail a été inséré dans le recueil des Mémoires de l'Académie de Médecine (1).

(1) Tome X, 1842.

Dans ses conclusions généralement favorables, que nous reproduisons ici en entier, l'honorable rapporteur disait :

« De tout ce qui précède, nous croyons pouvoir » conclure :

« 1° *Que l'amputation de la jambe au tiers infé-* » *rieur est notablement moins dangereuse que l'am-* » *putation au lieu d'élection ;*

« 2° *Qu'avec cette amputation, il est possible de* » *procurer aux malades des moyens prothétiques qui* » *conservent les fonctions du genou et qui masquent* » *presque complètement la difformité ;*

« 3° *Que la jambe artificielle qui remplit le mieux* » *jusqu'ici toutes les indications en pareil cas, est* » *celle qu'a imaginée et que fabrique M. Martin ;*

« 4° *Qu'avec cette jambe les personnes qui habi-* » *tent les grandes villes, ou qui vivent dans l'aisance* » *et sans fatigue, pourront se livrer à toutes les oc-* » *cupations relatives aux besoins ordinaires de la* » *vie sociale ;*

« 5° *Que pour les ouvriers livrés à des travaux* » *pénibles, les paysans, les habitants de la campagne* » *en général, pour les pauvres surtout, et pour toutes* » *les personnes qui ne sont pas à portée de recourir*

» *à un bon mécanicien, c'est encore une question de* » *savoir si l'amputation sus-malléolaire doit être* » *préférée à l'amputation au lieu d'élection;*

« 6° *Que trouver une mécanique sensiblement* » *moins compliquée, d'un prix moins élevé, et qui* » *pût être fabriquée partout, serait rendre un véri-* » *table service à l'humanité.*

« *A tous ces titres, nous pensons que des remer-* » *cîments doivent être adressés à MM. Arnal et* » *Martin, et qu'il convient de renvoyer leur impor-* » *tant Mémoire au comité de publication.* » (11 octobre 1841.)

Désireux d'accomplir le vœu émis par le savant professeur, et guidé sans doute par le besoin d'être utile plutôt que par un intérêt personnel, nous nous sommes mis à la recherche du moyen prothétique qui devait permettre d'amputer de la même manière le riche et le pauvre, le citadin comme l'habitant des campagnes; nous voulions qu'il fût permis de pratiquer dans tous les cas où elle est indiquée une opération jugée par les maîtres moins grave que les autres, une opération qui avait éveillé la sollicitude des plus habiles chirurgiens à différentes époques, et notamment de nos jours.

En effet, il est maintenant hors de doute que l'amputation sus-malléolaire est de beaucoup moins grave que l'amputation pratiquée au lieu d'élection; et cependant le savant rapporteur chargé d'examiner notre travail réservait cette amputation à un petit nombre de privilégiés, abandonnant les malheureux à un plus grand danger de mort. Toutefois, loin de blâmer les motifs qui lui faisaient prononcer cette sorte de proscription, nous venons aujourd'hui le remercier de nous avoir indiqué ainsi la voie que nous avons suivie; car c'est à ce vœu que nous devons nos dernières recherches, et par conséquent la découverte de notre nouvel appareil.

Reprenons d'un peu plus haut, et comparons maintenant les appareils de Mille, d'Aix, avec les nôtres, et voyons pourquoi les premiers n'ont pu rendre aux amputés la faculté de marcher; examinons quels sont les appareils dont l'inventeur a su vaincre toutes les difficultés de la station et de la progression dans le cas d'amputation qui nous occupe.

Ainsi que nous l'avons déjà dit, la jambe de Mille présente une articulation à *tête de compas* au niveau du genou ; mais cette articulation se trouve placée à la réunion du tiers antérieur avec les deux tiers postérieurs du diamètre antéro-postérieur de l'articulation du genou naturel (1). Il résulte de cette disposition que, quand l'amputé vient à reposer sur son membre artificiel, la direction du centre de gravité du poids du corps, passant en arrière du centre de l'articulation de la mécanique dans le sens de la flexion, la jambe tend d'elle-même à se fléchir. Le malade est donc forcé de contracter fortement ses muscles extenseurs ; et de là, pour lui, une fatigue excessive après une course peu prolongée, même après une simple promenade.

Un an s'était à peine écoulé, que Mille avait lui-même reconnu les défectuosités graves de cette disposition, et venait soumettre un nouvel appareil aux Académies. Il avait ajouté à l'articulation du genou un arrêt, une sorte de cliquet, tout simplement *la gaschette* d'Ambroise Paré. L'amputé levait cette gâchette, non seulement quand il voulait s'asseoir, mais à chaque pas, et la relâchait encore à chaque pas, en un mot chaque fois que le poids du

(1) Voyez Pl. 6 et 7.

corps devait reposer sur le membre. On comprend qu'il fallait sacrifier un bras au service d'une jambe, et nous demanderons s'il y a vraiment là compensation? (1).

Vint, dans le même moment, notre première jambe artificielle avec ressort. Lorsque nous l'avons imaginée, nous étions guidé par les données physiologiques que nous devions à nos maîtres; en effet, Richerand dit (2) : « *Les os des extrémités » inférieures, qui se touchent par des surfaces con- » vexes et glissantes, sont plus ou moins inclinés les » uns sur les autres.* IL FAUT DONC QU'UNE PUISSANCE » ACTIVE VEILLE SANS CESSE A PRÉVENIR LES CHUTES » DANS LESQUELLES LES ENTRAINERAIENT LEUR POIDS ET » LEUR DIRECTION.

» *Cette puissance réside dans les muscles exten- » seurs qui maintiennent nos parties dans une exten- » sion d'autant plus parfaite, et assurent d'autant » mieux la station qu'ils sont animés d'une force » d'antagonisme plus considérable, et que nos or- » ganes, par leur disposition mécanique, ont moins » de tendance à se fléchir.* »

(1) Voyez Pl. 8.

(2) *Nouveaux Éléments de Physiologie*, t. III, p. 112, 1833.

Puis il ajoutait en note : « *La station n'est pas, » pour certains animaux, un état de travail et d'ef- » fort comme pour l'homme* (1). »

On nous avait donc enseigné que, pour se tenir dans la station verticale, il fallait contracter fortement les muscles extenseurs de la jambe. Ainsi que nous l'avons déjà dit, pour nous conformer à cette indication, nous avons mis, à la hauteur de l'articulation du genou de notre appareil, un ressort qui devait venir en aide aux muscles extenseurs de la jambe au moment où elle est étendue, par conséquent au moment où elle doit supporter le poids du corps. Cette jambe artificielle permettait aux amputés d'exécuter avec facilité tous les mouvements naturels du membre inférieur, dont elle remplissait toutes les fonctions; mais, ainsi que l'avait dit M. le Professeur Velpeau, elle était d'une exécution assez difficile, sujette à de fréquentes réparations, et d'un prix assez élevé.

(1) Le professeur Richerand voulait parler des oiseaux de rivage, et surtout des échassiers, qui présentent dans l'articulation du genou une disposition particulière, mais nullement intéressante, au sujet des appareils qui nous occupent, puisque, chez les oiseaux, les membres sont toujours dans la demi-flexion.

Pressé par le vœu qu'avait émis le savant professeur dans sa *sixième conclusion*, nous avons cherché à rendre nos jambes artificielles beaucoup plus simples qu'elles ne l'étaient d'abord; mais quel devait être notre point de départ? quelles devaient être les bases de notre nouveau système? Nous avouerons que nos premières tentatives sont restées totalement infructueuses.

Bien persuadé que, toutes les fois qu'on veut imiter la nature, il n'y a rien de mieux à faire que de se rapprocher autant que possible des moyens qu'elle a employés pour arriver à ses fins, nous recherchâmes s'il n'existait pas dans l'articulation du genou une disposition dont nous pourrions profiter, et qui nous conduirait à la solution du problème si difficile posé par l'honorable rapporteur.

Pour arriver à ce résultat, nous dûmes chercher à nous rendre compte du mécanisme et des usages de l'articulation fémoro-tibiale : or, en acceptant les ligaments disposés comme on nous l'avait enseigné, soit dans les cours, soit dans les ouvrages d'anatomie, soit enfin comme nous avions cru le voir nous-même, sur la foi des maîtres, nous ne pouvions comprendre que les mouvements de flexion et d'extension fussent possibles. Les lois immuables de la Mécanique nous indiquaient donc la nécessité d'une disposition particulière de ces ligaments, autre que celle indiquée par les auteurs.

Il nous fallut, laissant de côté tout souvenir, toute idée transmise, remonter à la nature, et, s'il nous est permis de le dire, réviser en ce point l'anatomie.

En effet, si l'on admet la disposition indiquée dans tous les ouvrages d'anatomie, on trouve que les ligaments latéraux s'insèrent supérieurement sur les tubérosités du fémur, et que cette insertion supérieure sert de centre aux mouvements que le tibia exécute sur le fémur.

Puis on donne aux *ligaments croisés*, *ainsi appelés*, dit-on, *parce qu'ils se croisent en sautoir ou en X* (1), une disposition telle, que, si elle existait, la flexion deviendrait tout à fait impossible ; le genou resterait fixé dans l'extension, c'est-à-dire dans une immobilité absolue. Au dire des auteurs, le ligament croisé antérieur aurait son insertion supérieure en arrière de celle du ligament croisé postérieur, et *vice versa ;* par conséquent, l'insertion

(1) Cruveilhier, *Anatomie descriptive*, t. I, p. 534 ; 1843.

du premier serait en arrière, et celle du second en avant des attaches des ligaments latéraux. Il résulterait de cette disposition que le fémur présenterait au tibia, par l'intermédiaire des ligaments, trois centres de mouvement qui, ne se correspondant pas, ne permettraient pas le moindre *mouvement du tibia sur le fémur.* Nous développerons ces propositions dans un mémoire que nous nous proposons de présenter prochainement à l'Académie, sur l'articulation du genou considérée au point de vue de l'anatomie et aussi de la station et de la progression.

Telles étaient donc les seules données physiologiques reçues avant nous; maintenant nous allons exposer comment nous sommes parvenu à les modifier.

Conclusion logique ou intuition, nous avions conçu une disposition qui nous paraissait devoir satisfaire mécaniquement à toutes les conditions physiologiques du genou; mais, craignant d'observer sous l'influence d'une idée préconçue, nous priâmes le Dr Boinet de vouloir bien nous assister dans nos recherches. Deux genoux furent donc préparés avec le plus grand soin; les capsules articulaires étant restées intactes, nous décrivîmes à notre ami la disposition que, dans notre pensée, devaient affecter surtout les ligaments croisés, et nous lui expliquâmes en quel point, selon nous, devait se trouver l'axe fictif autour duquel s'exécutent les mouvements du genou.

Nous prîmes une broche d'acier assez longue pour traverser le genou de part en part, ce que nous fîmes en ayant soin de traverser du même coup les deux ligaments latéraux. Quelle ne fut pas la surprise du Dr Boinet, et peut-être un peu la nôtre, en voyant que, comme nous l'avions personnellement présumé, nous avions traversé en même temps les deux ligaments croisés à leur insertion au fémur. Nous avions donc reconnu le point sur lequel se trouve l'axe fictif dont nous venons de parler. Dès lors, les mouvements de flexion et d'extension du genou étaient devenus pour nous mécaniquement possibles : le mécanisme de notre nouvelle jambe artificielle était trouvé.

Nous devons décrire maintenant le mécanisme de l'articulation fémoro-tibiale tel que nous l'avons découvert, et par conséquent tel que nous le comprenons; nous arriverons tout naturellement au mécanisme de notre nouvelle jambe artificielle, qui figure autant que possible non plus une erreur anatomique, mais bien la nature.

Au genou donc, « les ligaments latéraux..... l'un » externe (1), s'insère à la tubérosité externe du » fémur, à la réunion des 5/6 antérieur avec le 1/6 » postérieur ; l'autre interne (2), qui naît de la par- » tie postérieure de la tubérosité interne du fémur » au niveau du ligament latéral externe, se dirige » en bas vers le tibia. (Cruveilhier, *Anatomie*, t. I, p. 530 et 531.)

« Les ligaments croisés..... l'un antérieur (3), » naît du condyle externe du fémur, et se porte à » la partie antérieure de l'épine du tibia ; l'autre, » postérieur (4), naît du condyle interne et se porte » à la partie postérieure de la même épine. « (Cruveilhier, p. 534 et 535.)

Mais quels rapports ces quatre ligaments présentent-ils entre eux? Quels sont leurs usages particuliers? Enfin comment concourent-ils tous ensemble

(1) Voyez Pl 10, fig. 1, E, et fig. 2.

(2) Voyez Pl. 10, fig. 2.

(3) Voyez Pl. 10, fig. 1, G.

(4) Voyez Pl. 10, fig. 1, F.

à former un centre à cette articulation qui paraissait devoir en être privée?

Si, pour nous éclairer dans nos recherches, nous comparons sommairement et seulement à grands traits l'articulation huméro-cubitale avec l'articulation fémoro-tibiale, nous trouvons dans la première : 1° que l'humérus présente inférieurement une extrémité arrondie d'avant en arrière et creusée, dans la partie qui doit correspondre au cubitus, par une gorge assez profonde nommée la *trochlée ;* 2° que le cubitus, de son côté, offre une échancrure assez prononcée, qui reçoit la trochlée de l'humérus et l'embrasse dans une étendue qui mesure presque une demi-circonférence, et par conséquent s'oppose énergiquement à tout déplacement dans le sens antéro-postérieur. Il résulte de cette disposition que le cubitus est forcé d'exécuter ses mouvements autour d'un axe représenté par la trochlée de l'humérus.

Nous négligeons à dessein l'articulation du radius, qui, au point de vue qui nous occupe, ne saurait être comparée à aucune partie de l'articulation du genou; disons cependant que le radius concourt à fortifier et à compléter cette articulation.

Deux ligaments latéraux servent de moyen d'union entre l'humérus d'une part, et le radius et le cubitus de l'autre.

Au genou tout est différent : ainsi que l'humérus, il est vrai, le fémur présente une extrémité arrondie d'avant en arrière, les condyles; mais nous n'y trouvons pas cette poulie, cette trochlée que nous avons rencontrée à l'os du bras. La partie supérieure du tibia, celle qui sert à l'articulation, est à peu près plane dans le sens antéro-postérieur; on ne retrouve donc pas dans cette articulation la moindre trace de l'emboîture réciproque que nous avons signalée au membre supérieur.

Quels moyens la nature a-t-elle donc employés, pour rendre cette articulation l'une des plus solides du corps, et, comme nous le disions, pour lui donner un centre de mouvement? Comment se fait-il qu'en ce point les luxations soient excessivement rares, quoique par sa position et ses fonctions, cette articulation s'y trouve plus exposée que les autres?

Rien de plus simple : il fallait que les surfaces articulaires présentassent une grande étendue, ayant à supporter toute la pesanteur du corps pendant la station. Il fallait aussi que les mouvements fussent parfaitement libres, et enfin que les puissances musculaires fussent économisées, surtout pendant la station ou la marche prolongée. Eh bien! la nature a pourvu à tout : 1° en augmentant considérablement le volume des extrémités des os qui concourent à former cette articulation, et en leur donnant une configuration presque plane aux points qui doivent se correspondre dans la station verticale; 2° en suspendant en quelque sorte le tibia au fémur à l'aide des ligaments, et faisant que ces os se touchent par des surfaces peu étendues dans tous les degrés de flexion; 3° en portant le centre de mouvement en arrière de l'axe du membre.

Cherchons donc à donner rapidement une idée des fonctions de chacune des parties principales qui constituent l'articulation du genou; nous pourrons ainsi rendre compte du mécanisme employé par la nature pour obtenir la station et la progression sans de grands efforts musculaires.

Le fémur et le tibia présentent, avons-nous déjà dit, chacun une surface à peu près plane au point où ils doivent se trouver en contact pendant la station. Les extrémités de ces os, qui se correspondent, sont renflées et assez fortement recourbées en arrière; ils sont unis et maintenus principalement par les ligaments latéraux et les ligaments croisés. Ces quatre ligaments nous suffisent pour les études que nous voulons faire maintenant.

Nous avons dit qu'ayant transpercé le fémur transversalement, au point d'insertion des ligaments latéraux, nous avions traversé aussi les ligaments croisés à leur insertion au fémur.

Nous avons communiqué ce fait important, fruit de nos recherches, à M. le Professeur Cruveilhier, qui, après l'avoir vérifié lui-même, a bien voulu nous en attribuer publiquement le mérite. Nous ne croyons pouvoir mieux faire que d'emprunter à l'illustre Professeur une grande partie de la description qu'il donne dans son ouvrage. Il dit en effet (1) : « Une remarque intéressante, c'est que les insertions » supérieures des ligaments latéraux externe et interne et celle des ligaments croisés antérieur et postérieur ont lieu sur une même ligne transversale, en » arrière de l'axe du fémur, au centre de la courbe » peu régulière que décrivent les condyles, de telle

(1) *Anatomie descriptive*, tome Ier, page 536.

» façon que si, avec une broche de fer, on traverse » les deux condyles au niveau de l'insertion supé- » rieure de ces ligaments latéraux, cette broche » traversera les quatre ligaments. » Puis il ajoute : « C'est à M. MARTIN, orthopédiste distingué, que » je dois cette observation curieuse qui lui a été » suggérée par les études qu'il a faites sur les jam- » bes artificielles. »

Voilà donc le premier point établi ; nous avons découvert dans le genou une disposition méconnue avant nous, et le fait est constaté par le Professeur d'Anatomie lui-même.

Quant aux usages et fonctions des ligaments, nous croyons encore devoir en emprunter l'énoncé au même auteur. Nous le laissons parler :

« Une remarque intéressante, et qui m'a été sug- » gérée par M. Martin, c'est que les ligaments croi- » sés n'ont pas seulement pour usage de limiter le » mouvement d'extension, mais qu'ils ont encore » pour but, et peut-être même ce but est-il le prin- » cipal, d'empêcher les surfaces articulaires de s'a- » bandonner dans le sens antéro-postérieur pendant

» une extension forcée (1). Ainsi, le ligament croisé » postérieur empêchera et le déplacement du tibia » en arrière, et celui du fémur en avant, de même » que le ligament croisé antérieur empêchera le dé- » placement du tibia en avant et celui du fémur en » arrière dans le mouvement d'extension. »

M. Cruveilhier continue ainsi :

« Il importe encore de faire observer que, dans » la station sur les pieds, les jarrets tendus, les » muscles extenseurs de la jambe sur la cuisse, » droit antérieur, vaste externe et vaste interne sont » tout à fait inactifs, ainsi que le prouve la mobilité » extrême de la rotule et le relâchement de ces » muscles dans cette attitude, ainsi que le prouve » encore l'absence de tout sentiment de lassitude » dans ces mêmes muscles après une station verti- » cale longtemps continuée. L'extension du genou » se fait donc sans la coopération des muscles, par » le simple fait de la largeur des surfaces articulaires » juxta-posées, et par la tension des ligaments laté-

(1) Nous ferons observer que ce n'est pas seulement pendant l'extension forcée que les ligaments croisés limitent le déplacement antéro-postérieur du tibia sur le fémur, mais bien aussi dans tous les degrés de flexion et d'extension du membre.

» raux et croisés qui maintiennent mécaniquement » les surfaces articulaires en rapport (1). »

En résumé, nous pouvons dire que les quatre ligaments représentent des rayons partant d'un centre commun placé à peu près au milieu des condyles du fémur, d'où, irradiant, ils vont se fixer au tibia, lui présenter un centre de mouvement autour duquel ils le forcent par conséquent à décrire avec eux des arcs de cercle plus ou moins étendus dans les divers mouvements de flexion et d'extension du membre.

(1) « Un fait observé par M. Robert, l'un de nos jeunes chi» rurgiens les plus distingués, vient à l'appui de ces idées, » dont les jambes artificielles de M. Martin avaient d'ailleurs » fourni la démonstration: Un individu affecté de fracture de » la rotule avait guéri avec un écartement de dix centimètres » environ. Le mouvement d'extension par contraction muscu» laire était impossible; mais, lorsque le membre était dans » l'extension, il s'y maintenait avec la même solidité que le » membre du côté sain. Le malade était parvenu à exécuter » spontanément le mouvement d'extension de la jambe par » une espèce d'artifice : c'était en portant le tronc et le bassin » fortement en avant; le fémur suivait le bassin, et, l'exten» sion une fois produite, ce membre inférieur immobile et très » résistant rendait pour la station les mêmes services que le » membre inférieur du côté sain. » (*Note de M. Cruveilhier.*)

Le mécanisme des fonctions du genou bien connu, rien ne nous a été plus facile que d'en faire l'application à la découverte du mécanisme de la nouvelle jambe artificielle. Nous avons donc tout simplement coudé en arrière les branches latérales de notre appareil en cherchant à leur donner la double forme des condyles du fémur et du tibia; en un mot, en cherchant à donner à l'appareil un centre de mouvement qui reproduisît autant que possible celui du membre naturel.

Voyons maintenant si nous avons réussi, et si le problème posé par M. le Professeur Velpeau a été complètement résolu par nous. Nous croyons pouvoir l'affirmer.

En effet, notre appareil est d'une *grande simplicité* (1) : il se compose de quatre attelles latérales en acier, deux internes et deux externes, articulées entre elles au niveau du genou; ainsi, au total, il n'est composé que de deux attelles brisées, une interne et l'autre externe. Une gaîne en cuir, fixée sur les attelles fémorales, embrasse la cuisse; une autre gaîne en peau, une espèce de bas lacé, fixée sur les attelles jambières, embrasse et maintient le

(1) Voyez Pl. 11, 12 et 13.

moignon. Les attelles jambières se terminent en bas à un pied artificiel ou seulement à un tampon, selon que l'appareil est d'un prix plus ou moins élevé.

Nous ne voulons pas rappeler ici les appareils compliqués de nos devanciers et de nos contemporains; il ne s'agit point d'une simplicité relative : notre appareil, nous le répétons, est ABSOLUMENT aussi simple que possible. La brièveté de cette description très complète en fait foi, et d'ailleurs il sera facile de s'assurer du fait en examinant les dessins que nous joignons à cette notice, ou en venant consulter la collection de modèles que nous possédons.

L'appareil est donc *simple*, *très simple;* il peut *être fabriqué partout* en fait et aussi en droit; car nous pouvions prendre un *brevet* et monopoliser ainsi fructueusement notre invention; nous avons préféré l'abandonner *au domaine public*, espérant ainsi accomplir *de tous points* le vœu philanthropique de M. le Professeur Velpeau, et, selon ses propres expressions, « rendre un véritable service à l'humanité. »

§ II. — **Amputations diverses.**

D'après les explications qui précèdent, on doit reconnaître que, jusqu'à nous, les inventeurs de jambes artificielles n'ont pu arriver à la solution du problème : les uns, les médecins, n'étaient pas assez instruits des principes de la Mécanique; aux mécaniciens manquaient les lumières de l'Anatomie. Ainsi les premiers savaient parfaitement à quelles indications l'appareil devait satisfaire; mais ils ne pouvaient *formuler* à l'ouvrier la marche qu'il devait suivre.

Les seconds, cherchant à remplacer des organes dont ils ignoraient la structure, et devant rattacher leur membre artificiel à d'autres organes qu'ils ne connaissaient pas mieux, agissaient nécessairement en aveugles ; le hasard a pu seul guider l'empirisme de ces tâtonnements : à lui seul, il faut donc l'avouer, tout le mérite des quelques perfectionnements qui ont été apportés aux appareils prothétiques.

Cette nécessité de combiner, pour le travail qui nous occupe, d'une part les lumières de l'Anatomie, et d'autre part la science de la Mécanique avec l'esprit d'invention, est incontestable, et Percy, avant nous, disait (1) : « Il faut, pour obtenir de grands » succès de la prothèse, que l'artiste qui s'occupe » exclusivement de cette branche de la Chirurgie » *réunisse, aux connaissances anatomiques relatives* » *à son sujet, beaucoup d'habileté en Mécanique.* »

A l'appui de cette proposition, nous pouvons encore citer l'exemple de Camper. Nous voyons en effet le célèbre Professeur hollandais (2) trouver « étonnant que la fabrique d'une machine si géné» ralement utile, «(Ibrayer),» soit abandonnée à des » ouvriers qui ignorent très souvent la nature du » mal, la structure des parties intéressées, et quel-

(1) *Dictionnaire des Sciences médicales*, tom. XLV.

(2) Mémoires de l'Académie royale de Chirurgie, t. V, p. 414; *Mémoire sur la construction des bandages pour les hernies.*

» quefois même le mécanisme de l'instrument qu'ils » se chargent de construire. D'un autre côté, les » chirurgiens qui ont, par l'étude de l'Anatomie, la » connaissance des parties, et qui ont acquis le plus » d'expérience sur les hernies, ne sont pas communément assez versés dans la connaissance des arts » mécaniques.....

« J'en parle, dit-il, par expérience; car, malgré » le goût que j'ai eu dans mon enfance pour la Mé- » canique, j'avais entièrement négligé de me mettre » au fait de la construction des bandages....

« Je recommençai alors à manier le marteau et » la lime que j'avais abandonnés depuis longtemps; » je battis des lames et formai des pelottes, etc. » Ce fut seulement alors, on le sait, qu'il put perfectionner les anciens bandages, fabriquer lui-même, et aussi faire juger, par les principes qu'il établissait, la supériorité de celui désigné sous son nom (1).

(1) Nous voyons encore l'auteur de l'article *Machines*, du *Dictionnaire des Sciences médicales*, après avoir énoncé plusieurs fois la nécessité de connaissances spéciales pour l'application fructueuse des machines, s'exprimer ainsi :

« Je ne puis me décider à terminer cet article sans témoi- » moigner quelques regrets de ce que les chirurgiens dédai- » gnent de s'occuper eux-mêmes de cette partie si essentielle

Après les considérations générales que nous avons exposées en commençant ce travail, il nous sera fa-

» de l'art, et l'abandonnent entre les mains d'hommes sans » doute profondément instruits des lois de la Mécanique, mais » dépourvus de connaissances anatomiques, ou ne les possé- » dant que superficiellement et d'une manière trop imparfaite » pour en tirer un grand avantage dans la construction des » machines chirurgicales; et voilà pourquoi la plupart de » celles qu'ils ont inventées, quoique souvent très ingénieuses, » sont tombées dans l'oubli, parce que, ne se trouvant pas en » harmonie avec le jeu de nos organes, elles n'avaient sur eux » qu'une action partielle et quelquefois nulle.

» Ce serait en vain que le chirurgien croirait suppléer à cet » inconvénient en expliquant sa pensée et le but qu'il veut » atteindre en entrant dans les détails les plus minutieux. Il » est impossible que l'ouvrier, quelque intelligent qu'on le » suppose, se pénètre suffisamment de ses vues, et les saisisse » assez bien pour les remplir exactement; et lors même qu'il » ne s'écarterait en rien des instructions qui lui ont été don- » nées, cela ne suffit point encore, parce que, dans la cons- » truction d'une machine, il peut se présenter à chaque instant » des obstacles que le chirurgien lui-même n'a pas calculés, » et que lui seul pourrait surmonter. *Quels immenses services » ne rendrait donc pas à l'art un chirurgien mécanicien, doué » de connaissances solides en anatomie et en chirurgie!* C'est » alors que la Mécanique concourrait puissamment, avec les » autres moyens chirurgicaux, au soulagement et à la guéri- » son de nos infirmités. Espérons qu'un jour quelque chirur-

cile de tracer l'historique et la description des divers appareils employés pour les différents cas d'amputation du membre inférieur. Pour procéder avec ordre, nous commencerons par l'amputation au lieu d'élection, parce que, après l'amputation sus-malléolaire, elle a été le sujet de nos recherches et de nos premiers perfectionnements; parce que les appareils que nous avons employés pour ce cas particulier ont été, comme on le verra, le point de départ de tous les autres.

Nous avons dit que les anciens employaient des membres artificiels; mais il ne nous a pas été possible de préciser la nature de ces appareils. Cependant nous répéterons encore que probablement le modeste pilon, plus ou moins perfectionné, a dû être le premier moyen employé par les amputés pour obtenir la station et la progression.

Cet appareil, comme tout le monde le sait, se

» gien, né avec ces heureuses dispositions qui font pressentir
» les succès, voudra bien, et par amour pour la science, et par
» la noble ambition d'être utile à l'humanité, entrer dans la
» carrière; elle est ouverte, et le premier qui s'y lancera avec
» les talents nécessaires ne peut manquer d'y trouver de grands
» avantages et une gloire véritable. » (Reydellet.)

compose d'une pièce de bois de tilleul échancrée à sa partie supérieure pour loger le genou et la cuisse. Cette échancrure forme en haut deux attelles, l'une interne et l'autre externe : l'attelle interne monte jusqu'à la partie moyenne de la cuisse, l'externe s'élève jusqu'à la hanche et se termine supérieurement par une ceinture en cuir qui embrasse le bassin. Le fond de l'échancrure est garni d'un coussin rembourré sur lequel le genou vient reposer; une courroie embrasse la partie inférieure de la cuisse au-dessus du genou, et fixe cette partie dans l'appareil. Au-dessous du genou, la pièce principale de l'appareil s'amincit et se termine par une douille qui reçoit une tige de bois renflée inférieurement, destinée à reposer sur le sol et naturellement proportionnée à la taille de l'individu (1).

Cet appareil est évidemment d'une grande simplicité et d'une exécution facile, mais il présente de nombreux inconvénients; nous signalerons les principaux : 1° il repose sur le sol au moyen d'une base dont la surface ne présente pas une étendue

(1) Voyez Pl. 14, fig. 1.

suffisante; aussi la moindre inégalité du sol, un terrain mou ou glissant, deviennent pour le malade une cause de danger; 2° le genou, reposant sur un coussin maintenu entre les attelles, éprouve à chaque pas un choc assez violent qui retentit dans tout le membre, et un frottement latéral qui ne tarde pas à déterminer des excoriations presque absolument inévitables, bien que d'habitude on ait soin de couvrir le genou de sparadrap; 3° la ceinture qui embrasse le bassin, traversant deux mortaises pratiquées dans la partie supérieure de l'attelle externe, éprouve un effet de garrot quand le malade est assis, c'est-à-dire que l'attelle, en se portant en avant, tord la ceinture et détermine une constriction extrêmement douloureuse autour du bassin; 4° enfin cet appareil, étant inflexible, présente une saillie considérable en avant, un embarras réel pendant la station assise. Nous pourrions ajouter qu'il ne figure en aucune manière le membre qu'il doit remplacer, et que par conséquent il laisse la mutilation dans toute son horreur.

On a fait de ces appareils en fer; mais, s'ils sont d'une plus grande solidité, ils sont aussi beaucoup plus lourds et ne présentent d'autre avantage qu'un moindre volume.

On avait bien imaginé de revêtir le bas de cet appareil ou de liège ou de toute autre matière, ou même de le composer d'un morceau de bois creusé, et de donner ainsi à cette partie quelque ressemblance avec le membre amputé, en terminant inférieurement le tout par une sorte de pied de bois; mais cette modification était loin d'apporter un grand soulagement aux malheureux qui étaient forcés d'en faire usage : la base de sustentation, il est vrai, était un peu élargie, mais le poids de l'appareil était aussi devenu plus considérable, et, si le malade glissait moins facilement, la pesanteur contrebalançait bien ce petit avantage. Du reste l'appareil, restant inflexible, présentait les mêmes inconvénients que le pilon pour la station assise. Nous trouvons aussi qu'on a cherché à exécuter des jambes artificielles en fer creux, tout en leur donnant la forme du membre naturel; mais elles sont d'une pesanteur excessive et ne présentent aucun avantage; elles ont donc été abandonnées depuis longtemps (1).

(1) Croirait-on que, de nos jours, un coutelier de Paris a re-

Vinrent ensuite les membres artificiels, reposant toujours sur les mêmes principes, mais auxquels on avait ajouté un ressort qui permettait au genou de l'appareil de se fléchir pour la station assise; c'était déjà un commencement de perfectionnement, dont nous trouvons du reste le premier exemple dans la jambe des riches d'Amb. Paré, applicable, comme nous l'avons dit, seulement à l'amputation de la cuisse. Mais pour le cas d'amputation au lieu d'élection, ce perfectionnement était de peu de valeur; car si le membre artificiel pouvait se fléchir, ce n'était pas au point de flexion du genou. En effet, cet appareil (1) présentait, comme le pilon, deux attelles fémorales : l'une interne et l'autre externe; l'intervalle qui la séparait était

produit l'un de ces appareils en le donnant comme invention moderne et comme perfectionnement de nos propres jambes artificielles? Nous conservons ce modèle curieux avec le plus grand soin, et nous en donnons le dessin (Pl. 15, fig. 1); il sera facile de juger le degré de perfection qu'il présente. Disons seulement qu'il était inflexible, que le malade n'a jamais pu marcher avec, et qu'il a été forcé de l'abandonner pour se servir des nôtres.

(1) Voyez Pl. 15, fig. 2.

rempli par un coussin présentant une certaine épaisseur, et sur lequel le genou venait reposer pendant la station et la progression. Or, le point d'appui sur lequel reposait le coussin était en fer, ainsi que les attelles fémorales; il résultait de cette disposition que le coussin, placé au-dessous du genou, suivait cette partie pendant la station assise; et le coussin et son point d'appui, venant s'ajouter à la longueur de la cuisse, celle-ci se trouvait trop longue d'autant. La partie jambière devait ainsi présenter un raccourcissement proportionnel pour rétablir l'égalité de longueur entre les deux membres. La flexion ne se trouvant pas au même niveau dans la station perpendiculaire, les deux genoux présentaient une différence très sensible dans la station assise, c'est-à-dire que le genou du membre artificiel, se trouvant notablement plus avancé et plus bas que le genou naturel, présentait un défaut de symétrie, une difformité trop évidente.

Un verrou transversal, une espèce de *gaschette* (1), placé en dehors de la partie jambière, pénétrait dans une entaille assez profonde pratiquée dans la pièce qui servait de support au genou; il était des-

(1) Voyez Pl. 15, fig. 2, F.

tiné à maintenir le membre dans l'extension.

Lorsque le malade voulait fléchir son membre artificiel, il poussait le bouton du verrou de haut en bas; le verrou se dégageait de sa mortaise, rendait la jambe libre, et la flexion pouvait s'opérer. Lorsqu'on étendait l'appareil, le verrou repoussé par un ressort retombait de lui-même dans la mortaise et rendait de nouveau le membre rigide.

L'art de la prothèse en était à ce point lorsque nous avons cherché le moyen de remédier à chacun des inconvénients que nous venons d'énumérer. Nous nous sommes appliqué à modifier successivement les divers appareils; le premier objet de nos perfectionnements a été la jambe des pauvres, le pilon.

Au coussin, qui, comme nous venons de le dire, excoriait souvent le genou, nous avons substitué une coiffe en cuir souple exactement moulée sur partie. Cette coiffe est fixée à un demi-cercle d'acier qui la soutient supérieurement; elle vient présenter au genou une suspension, une sorte de hamac, qui l'embrasse sur tous les points de sa surface, et pouvant le suivre dans tous ses mouvements, elle rend toute excoriation, même toute gêne impossible (1).

Nous reconnûmes alors qu'il serait possible de fabriquer, pour ce cas d'amputation, un membre artificiel qui ne présentât pas cette disproportion choquante entre la jambe et la cuisse, et nous fîmes exécuter la jambe représentée planche 16, figure 1. Le succès a dépassé de beaucoup nos présomptions : en effet, voulant fixer solidement notre genouillère, nous avons imaginé de l'attacher à une gaîne formée en grande partie de cuir ferme et lacée autour de la cuisse au moyen d'une large bande de peau ; nos malades purent dès lors se passer de ceinture et marcher avec une grande facilité, car l'articulation coxo-fémorale n'était plus gênée par la branche externe qui existait dans les anciens appareils.

Cette jambe artificielle se compose donc d'une gaîne en cuir embrassant la partie antérieure et environ les deux tiers de la circonférence de la cuisse. Cette gaîne se termine inférieurement par la genouillère, qui, comme nous l'avons déjà dit, reçoit

(1) Voyez Pl. 14, fig. 2, D.

le genou et lui sert de support; une large bande en peau complète le tour de la cuisse et maintient l'appareil fixé sur le membre. Deux attelles latérales en acier, une interne et l'autre externe, sont rivées sur le cuissart et viennent s'articuler au genou avec les deux attelles jambières; un moule en cuir représente la jambe et enveloppe les attelles, qui sont en acier et se terminent inférieurement par un pied artificiel. Un verrou, repoussé constamment par un ressort et fixé à coulisse sur l'attelle fémorale externe, vient s'engager dans une entaille pratiquée à la partie supérieure de l'attelle jambière correspondante. Les usages de ce verrou sont de maintenir le membre artificiel dans l'extension pendant la station et la progression, et de permettre la flexion pour la station assise, en un mot de remplir les fonctions de la *gaschette* d'Amb. Paré.

Enfin, dans ces derniers temps, nous avons apporté un nouveau perfectionnement à cet appareil; nous avons profité de la disposition que nous avons reconnue dans l'articulation du genou, et que nous avons reproduite ensuite dans notre appareil destiné au cas d'amputation sus-malléolaire, c'est-à-dire que nous avons renvoyé le centre de l'articulation du genou de notre jambe artificielle en arrière. Nous avons, par ce moyen, laissé au membre la faculté de se fléchir en marchant, tout en présentant une base solide pour la station et la progression; mais il restait une assez grande difficulté à vaincre, il fallait empêcher la chute que pouvaient occasionner les faux pas ou les heurts; voici comment nous avons disposé notre appareil (1) :

Le cuissart et la genouillère sont disposés comme dans l'appareil précédent; nous avons courbé en arrière nos attelles latérales au niveau du genou, et par conséquent porté le centre de notre articulation vis à vis le centre naturel des mouvements du genou. Avec cette disposition, le poids du corps, venant à reposer sur le membre artificiel, porte le genou en arrière dans une extension forcée; mais cette extension est bornée par un arrêt. Un verrou placé sur l'attelle fémorale, et aussi repoussé par un ressort, vient tomber dans une entaille pratiquée à la partie supérieure de l'attelle jambière. Nous avons mis un ressort circulaire, renfermé dans une sorte de barillet, qui repousse légèrement

(1) Pl. 16, fig. 2.

la jambe en avant et accélère un peu le pas; mais ce ressort n'est pas indispensable, un certain nombre d'amputés peuvent s'en passer : toutefois, nous croyons préférable de le conserver en principe.

Enfin il restait toujours la difficulté principale, celle d'éviter les chutes; nous y avons réussi en bornant la flexion du membre à un certain degré pendant la station et la progression. Nous avons obtenu ce résultat en donnant à l'entaille de l'attelle jambière une plus grande largeur dans sa partie supérieure; puis nous avons fait en sorte que le verrou fût maintenu à cette hauteur pendant la progression, et qu'il pût descendre dans la partie rétrécie de l'entaille seulement lorsque le malade veut rendre son membre rigide. A l'aide de ce moyen, d'abord le membre artificiel se trouve libre pendant la déambulation; de plus, lorsque, par un faux pas ou par tout autre cause, il est porté dans une flexion qui pourrait compromettre la sûreté de la station, il est forcé de s'arrêter dans une position telle que le représente la figure 2 de la planche 21, c'est-à-dire lorsque l'axe de la jambe forme, avec celui de la cuisse, un angle d'environ 30 degrés. On conçoit que, dans cette position, l'appareil présente encore une base très solide et un point d'appui certain. Ajoutons que, dans la station verticale, le malade peut faire jouer le genou de son appareil, et par conséquent figurer une façon dégagée de se tenir debout; il peut donc reproduire parfaitement tous les mouvements du membre inférieur.

Essayons maintenant de donner une idée de la manière dont la marche s'exécute avec notre nouvelle jambe artificielle; pour éclairer cette recherche, qu'il nous soit permis d'entrer pour un moment dans l'examen des phénomènes de la progression chez l'homme.

Comme nous l'avons dit dans la première partie de ce travail, la jambe est suspendue au fémur par ses quatre ligaments latéraux et croisés, et se meut autour de l'axe fictif que nous avons reconnu, comme un pendule se meut autour de son point de suspension. Eh bien ! nous allons démontrer que notre nouvelle jambe artificielle donne la répétition exacte de ce qui se passe dans l'état normal. Or, n'est-ce pas là le principe à suivre? Dans tous les cas où nous devons, soit remplacer la nature, soit corriger ses déviations, est-il rien de plus certain que de chercher à reproduire le système des lois dont elle présente l'application?

Dans l'état de nature, lorsque l'individu marche d'une vitesse ordinaire, il porte tout le poids de son corps sur l'un de ses membres inférieurs; ce membre est alors maintenu dans l'extension en vertu de la disposition particulière que nous avons signalée dans le genou, et, comme nous l'avons démontré, sans que les muscles extenseurs de la jambe doivent le moins du monde entrer en action. Nous allons voir que la marche elle-même peut s'opérer ainsi sans l'intervention de ces mêmes muscles, et voici comment : l'individu, étant dans la station verticale et voulant avancer, fait reposer tout le poids de son corps sur une jambe, pendant qu'il porte la seconde en avant. Il se produit alors un phénomène assez curieux qui n'a pas été signalé par les physiologistes, et qui cependant mérite une attention toute particulière : c'est que le genou, le premier, se porte tout d'abord en avant; la jambe se trouve suspendue à son centre de mouvement, et, par la force d'inertie, reste pour un moment suspendue obliquement en arrière; elle est donc éloignée d'un certain nombre de degrés de la perpendiculaire abaissée de son point de suspension. Appelée par la pesanteur vers cette perpendiculaire, elle se balance en avant, en un mot elle oscille comme le ferait un pendule sur son point de suspension et arrive à la verticale; mais l'impulsion qu'elle a reçue dans ce mouvement de projection la porte en avant d'un nombre de degrés à peu près égal à celui qu'elle a parcouru pour arriver à la perpendiculaire, et lui fait décrire un arc de cercle antérieur presque égal à l'arc postérieur qu'elle avait parcouru. Il en résulte que l'axe de la jambe vient se porter dans l'axe prolongé de la cuisse, et que par conséquent le membre entier se trouve dans l'extension. L'individu peut alors reposer sur ce membre, porter l'autre à son tour en avant, et continuer ainsi la progression autant que ses forces le lui permettent.

Dans la description que nous venons de donner du mécanisme de la progression, nous avons montré que, pour la marche ordinaire, l'action des muscles extenseurs de la jambe n'est pas absolument nécessaire; aussi, après une longue marche, *faite de cette manière et sur un plan horizontal*, on n'éprouve presque aucune fatigue dans ces muscles.

Au surplus, le cas très remarquable de fracture de la rotule, observé par M. Robert et cité par M. le Professeur Cruveilhier, confirme cette assertion : nos nouvelles jambes artificielles, pour le cas d'amputation au lieu d'élection et d'amputation de la cuisse, vont nous servir à en donner la démonstration.

En effet, le malade, étant dans la station perpendiculaire et voulant exécuter la progression avec notre nouvel appareil, porte, nous le supposons, le poids du corps sur son membre artificiel, qui, comme nous l'avons dit, présente un point d'appui très solide pour la station; le malade peut alors porter son membre sain en avant, il exécute ce transport comme nous l'avons expliqué et fait ainsi le premier pas; le poids du corps revient ensuite sur le membre sain. Ce premier pas fait, le malade porte son membre artificiel au devant du membre naturel, et ainsi de suite, pour continuer la déambulation. Mais que se passe-t-il dans l'appareil pendant ce mouvement de projection en avant? Exactement ce qui se passe dans le membre qu'il est destiné à remplacer : nous voyons en effet que, lorsque le poids du corps repose sur le membre sain et que le membre artificiel va en avant pour accomplir la seconde partie du pas complet ou double, le genou se trouve porté le premier en avant ; la partie jambière, suspendue au genou par deux pivôts, se trouve dans la position que nous avons signalée, c'est-à-dire que l'inertie retient le pied en arrière ; celui-ci oscille d'arrière en avant absolument comme le membre naturel, et, arrivant jusqu'à l'extension complète, il peut de nouveau servir à la sustentation. La marche avec le genou flexible est donc devenue praticable, plus praticable même qu'avec les membres artificiels rigides.

Nous venons de dire que la progression était devenue plus aisée avec nos nouveaux appareils prothétiques *à articulation flexible en marchant;* l'expérience est là pour donner la preuve, et il nous sera facile de fournir la démonstration.

En effet, le membre artificiel rigide représente un levier du troisième genre, dont le point d'appui est à la partie supérieure de l'appareil : la puissance au genou et la résistance dans toute l'étendue de la partie jambière, mais surtout à l'extrémité du membre. On conçoit qu'au moment où, pour la rogression, l'amputé est forcé de faire mouvoir un bras de levier aussi long que tout le membre inférieur, il est obligé d'employer une force assez considérable; mais, si l'appareil est flexible à la hauteur de l'articulation fémoro-tibiale, alors le bras de levier de la résistance disparaît, et le malade n'a plus à transporter que le poids de l'appareil pendant la déambulation, toute la partie jambière se trouvant suspendue au centre du genou, par conséquent immédiatement sur le point où la puissance est appliquée.

On peut voir, d'après ce qui précède, que nous avons appliqué avec profit la découverte importante que nous avons faite du mécanisme de l'articulation fémoro-tibiale, et que, transportant à la matière inanimée ce mécanisme naturel, nous avons pu le reproduire dans nos jambes artificielles, non seulement pour le cas de l'amputation sus-malléolaire, mais aussi pour celui de l'amputation au lieu d'élection, et enfin, comme nous le ferons voir bientôt, pour le cas d'amputation de la cuisse.

Nous arrivons maintenant à nous occuper des appareils prothétiques employés pour le cas d'amputation de la cuisse, la plupart des systèmes que nous avons imaginés se trouvant applicables, sauf quelques modifications, à la fois à l'une et à l'autre de ces mutilations.

Comme nous l'avons dit en commençant ce travail, le premier exemple de membre artificiel employé dans ce cas d'amputation se trouve dans l'ouvrage d'Amb. Paré (1) ; mais, ainsi que nous le faisions remarquer aussi, cet appareil présente déjà un haut degré de perfectionnement, et nous devons croire que l'on n'est arrivé à ce degré de complication qu'après bien des essais et après un usage assez prolongé d'appareils beaucoup plus simples.

Les documents nous manquent, avons-nous dit; nous sommes donc forcés de reconstituer en quelque sorte l'histoire par le raisonnement. Nous décrirons les appareils en allant du simple au composé, c'est-à-dire que nous commencerons par le cuissart en bois, le cuissart des invalides.

Le cuissart simple à pilon (2) est composé d'un cône creux à base supérieure et fabriqué en bois de tilleul; le bord de ce cône est garni d'un gros bourrelet en crin ou en laine, qui vient présenter un point d'appui à la tubérosité sciatique et au

(1) Voyez Pl. 18.
(2) Voyez Pl. 17, fig. 1.

pourtour de la cuisse; ce rebord supérieur est surmonté extérieurement d'une sorte d'attelle; celle-ci est la continuation du bois du cône, et sert d'attache à la ceinture qui embrasse le bassin.

La partie inférieure se termine par un pilon semblable à celui de *la jambe des pauvres* d'Ambroise Paré. Un grand trou est pratiqué à la partie inférieure du cuissart; par là doit passer le linge destiné à introduire le moignon dans l'appareil et à ramener les chairs vers la cicatrice.

Nous croyons devoir indiquer ici la manière d'appliquer cet appareil; nous avons vu souvent les amputés blessés par ce cuissart, nous avons vu leur cicatrice déchirée faute d'une précaution très simple qu'ils ignoraient, et qui les eût préservés de cet accident. En effet, il est facile de concevoir que, si l'on introduit le moignon dans le cuissart en le fourrant comme le pied dans une botte, les chairs seront refoulées vers le haut, et la cicatrice fortement tiraillée ne tardera pas à se déchirer. Il faut donc envelopper circulairement le moignon d'un linge doux, dont on laisse pendre l'extrémité libre; cette partie du linge est introduite la première dans le cuissart et doit sortir par l'ouverture que nous avons dit exister à la partie inférieure du cône. Le moignon une fois amené jusqu'à l'ouverture supérieure et doucement introduit dans le cuissart, l'amputé tire alors fortement le linge par l'ouverture inférieure, et entraîne la peau dans l'intérieur de l'appareil. Évidemment les chairs ainsi ramassées vers la cicatrice, celle-ci se trouve à l'abri de tous tiraillements de la part de l'appareil.

En suivant les perfectionnements apportés à ce système prothétique, nous arrivons à la *jambe des riches* du chirurgien de *Laval au Maine;* mais, comme nous l'avons déjà répété plusieurs fois, cette jambe artificielle, toute bien combinée qu'elle paraisse au premier abord, était très lourde, d'un emploi peu sûr et fort compliquée dans ses détails. Enfin elle a dû n'être appelée à rendre que peu de services et être bientôt abandonnée par la plupart des mutilés.

Dans toutes les recherches que nous avons faites sur les appareils pour ce cas particulier, nous n'avons jamais trouvé que des répétitions de la jambe d'Amb. Paré, avec quelques modifications à peine dignes d'être notées : ainsi on a ajouté une ceinture, et Amb. Paré conseillait d'attacher l'appareil *au pourpoint;* pour permettre la flexion, on a mis un bouton que l'on pressait à la place *du cordon qui fait mouuoir la gaschette, quand on se sied,* etc., et ainsi de suite, ni mieux ni pis, jusqu'à nos jours.

On a fait, et nous avons fait nous-même, des cuissarts à pilon flexible (1), en mettant un arrêt à peu près semblable à celui qui était employé dans l'appareil pour le cas d'amputation au lieu d'élection (2) ; dans d'autres, nous avons simplement brisé le pilon à charnière au niveau de l'articulation du genou. Ce moyen est certainement le plus simple qu'il soit possible d'imaginer (3).

Nous disons que ce dernier appareil est le plus simple possible : en effet, il se compose seulement d'un cuissart terminé inférieurement par un pilon présentant une charnière au genou; la mortaise et le tenon de la charnière offrent un prolongement au delà de leur articulation. Une douille en fer mobile sur le pilon, et assez longue, descend envelopper cette charnière et s'oppose à sa flexion pendant la

(1) Voyez Pl. 19, fig. 1.

(2) Voyez Pl. 15, fig. 2.

(3) Voyez Pl. 19, fig. 2.

station ; lorsque le malade veut s'asseoir, il remonte la douille vers la partie supérieure du pilon (1), et l'articulation redevient libre et se fléchit.

Cependant, il faut l'avouer, nous avons vu à Paris, en 1835, un amputé porteur d'une jambe artificielle qui reposait sur un nouveau principe, et qui déjà, au moins d'intention, donnait en quelque sorte une imitation de la nature ; l'appareil avait été fabriqué en Angleterre par M. William Sand-Lasser (2). Cet appareil se compose d'une pièce de bois représentant la cuisse, et creusée à l'intérieur pour recevoir le moignon ; une seconde pièce aussi en bois et creusée à son intérieur représente la jambe, elle s'articule supérieurement avec le cuissart par ginglyme pour former le genou ; inférieurement, elle présente une mortaise qui reçoit un pied artificiel articulé avec elle ; un ressort à boudin ramène le pied dans la flexion ; enfin une corde en boyau très solide s'insère inférieurement à la partie postérieure du pied artificiel et représente assez bien le tendon d'Achille ; cette corde remonte ensuite dans l'intérieur de la jambe pour venir, par

(1) Voyez Pl. 19, fig. 1 et 2.

(2) Voyez Pl. 20, fig. 1.

une bifurcation supérieure, s'attacher en arrière et de chaque côté de la mortaise pratiquée dans le cuissart pour son articulation avec la jambe. Cette insertion a lieu à peu près dans la tangente de l'arc de cercle que la partie fémorale parcourt sur la partie jambière quand le membre artificiel est dans l'extension.

Pendant la flexion de l'appareil, la corde se trouve relâchée; sa double insertion supérieure s'est rapprochée de l'inférieure de tout le chemin qu'elle a parcouru, et qui est mesuré par le nombre de degrés dont le cuissart est incliné sur la jambe. Ce relâchement de la corde permet au talon de s'abaisser, et à la pointe du pied de se porter en haut; car le pied est alors abandonné à l'action de son ressort. Mais, lorsque le membre est porté dans l'extension et que l'insertion supérieure de la corde est revenue dans la tangente du genou, la corde se trouve fortement tirée vers le haut, et, réagissant sur le talon, elle abaisse la pointe du pied artificiel et la maintient dans cette position.

Comme on peut le voir, l'inventeur a cherché à donner à cette corde la disposition des muscles jumeaux, et, sans penser qu'il avait affaire à un corps inerte, il a cru par là imiter l'action de ces muscles.

Maintenant que nous connaissons l'intention de l'auteur, voyons s'il a atteint le but qu'il s'était proposé, et si effectivement il a imité la nature. Les articulations du genou et du pied sont conservées pendant la station et la progression, et la marche peut s'exécuter à peu près comme dans l'état normal; seulement une attention continuelle est nécessaire pour éviter les chutes en avant.

Par la disposition qu'il a donné à la corde dont nous avons parlé, M. William Sand-Lasser, en faisant porter le poids du corps sur la partie antérieure du pied, tendait vers un résultat analogue à celui que nous avons obtenu depuis, c'est-à-dire que par la structure de cet appareil, il espérait présenter un arc boutant à la partie antérieure, et forcer par ce moyen le genou de se maintenir dans l'extension; mais il n'avait pas songé que si le pied abaissé paraissait avoir cette action, le poids du corps, cherchant à abaisser le talon, exerçait une traction violente sur la corde, qui, réagissant en arrière dans la tangente de l'articulation du genou artificiel, tendait à le fléchir. Il y avait donc antagonisme entre ces deux puissances qui cherchaient à produire, l'une l'extension, l'autre la flexion, et elles se neutralisaient mutuellement.

Comme on le voit, ce système, qui s'appuie sur des connaissances anatomiques, échappe absolument aux lois de la Mécanique, et n'a jamais pu réellement servir aux malades. Aussi, l'amputé que nous avons vu porteur de cette jambe artificielle avait-il été souvent jeté à terre quand son attention était détournée le moins du monde, et seulement un instant.

Il existe à l'Hôtel-des-Invalides un employé auquel on a fait, pour un cas d'amputation au lieu d'élection, un membre artificiel qui présente quelques-unes des dispositions que nous venons de signaler dans l'appareil de M. William Sand-Lasser (1).

Il se compose d'une jambe de bois ordinaire dans laquelle on a substitué le bas d'une jambe et un pied au pilon. L'articulation qui devrait correspondre au genou est placée vers la partie moyenne du mollet; elle est très libre, et par conséquent très mobile pendant la marche. Pour maintenir cette articulation rigide pendant la station sur ce membre,

(1) Voyez Pl. 17, fig. 2.

on a fixé le pied dans un degré d'extension tel, que sa pointe seule repose toujours sur le sol. On comprend que, grâce à cette disposition, la fausse articulation soit fortement repoussée en arrière et rende impossible la flexion du membre artificiel quand le poids du corps repose sur lui. Mais on retrouve d'abord dans cet appareil l'inconvénient que nous avons reproché aux anciennes jambes artificielles, c'est-à-dire qu'il présente une saillie considérable en avant pendant la station assise; ensuite l'articulation du genou, placée d'une manière insolite vers le milieu de la jambe, est extrêmement disgracieuse; aussi n'avons-nous parlé de cet appareil que pour le comparer à celui de l'auteur que nous venons de citer, et surtout pour ne rien omettre de ce que nous avons vu. Disons cependant qu'il nous paraît poindre une idée au fond de cet appareil, et que nous allons chercher à la faire fructifier.

Revenons maintenant à ce que nous avons fait nous-même, et la description en sera très courte. Nous avons suivi le même système de mécanique que pour le cas d'amputation au lieu d'élection; l'appareil qui nous occupe diffère de ce dernier seulement en ce sens que le point d'appui est différent, et que cette fois il n'est plus question du genou.

Dans les cas où nous avons employé le premier appareil, ne permettant la flexion que pour s'asseoir, nous avons fait une gaîne en cuir destinée à envelopper la cuisse et terminée inférieurement par une partie hémisphérique en liége ou en bois léger qui représente le genou; le rebord supérieur est garni d'un bourrelet en cuir et vient présenter un point d'appui à la tubérosité de l'ischion. Les attelles d'acier sont fixées sur les parties latérales de la gaîne fémorale. Le tout se termine inférieurement par une jambe et un pied, comme dans nos autres appareils (1).

Une ceinture en cuir souple embrasse le bassin et vient présenter une pièce en acier qui s'articule à la hauteur du grand trochanter avec une autre pièce aussi en acier, placée à la partie supérieure et latérale du cuissart.

Disons aussi que notre cuissart n'est pas fermé, et que, comme dans l'appareil destiné à l'amputation sus-malléolaire, il peut s'ouvrir et se resserrer pour s'accommoder aux changements qui peuvent

(1) Voyez Pl. 19, fig. 2.

survenir dans le volume du moignon. Il est maintenu assez solidement par une simple courroie que le malade peut relâcher ou resserrer à volonté.

Encouragé par les succès que nous avions obtenus pour l'amputation au lieu d'élection, nous avons essayé de transporter dans cet appareil le mécanisme de notre jambe artificielle *à flexion pendant la marche*, et, cette fois encore, nous avons fait mieux que nous ne pouvions l'espérer : le résultat a été favorable à ce point, que le jeune homme, officier de marine sur lequel nous avons expérimenté la première fois cet appareil, a pu faire le premier jour au moins une lieue presque sans fatigue (1).

Il est une amputation pratiquée très rarement, ce qui est peut être un tort : nous voulons parler de l'amputation dans l'articulation fémoro-tibiale (2). Nous avons eu occasion de l'observer une fois seulement. Elle avait été pratiquée à Ulm par le Dr Palm, ou plutôt elle avait été pratiquée par un coup de fusil

(1) Voyez Pl. 21, fig. 1.

(2) Voyez *Mémoire sur l'amputation de la jambe dans l'articulation du genou*; par A. Velpeau. (Archives générales de Médecine.)

chargé de gros plomb et tiré presque à bout portant. Le délâbrement avait été si considérable que le Dr Palm, appelé immédiatement et n'ayant pas d'autres instruments à sa disposition, acheva de séparer le membre avec les ciseaux de sa trousse, se réservant de pratiquer l'amputation de la cuisse le lendemain. Mais revenu auprès de son blessé, et voyant que, malgré la grande dénudation des condyles du fémur, aucun accident ne s'était développé, il laissa marcher les choses. La peau, au lieu de se rétracter vers la partie supérieure, comme on pouvait le craindre, recouvrit d'elle-même cette grande surface articulaire; dix-huit grains de plomb furent extraits de la cuisse, et l'on obtint une cicatrice linéaire.

Le malade vint à Paris avec une jambe qu'il avait fait fabriquer à Vienne; elle était toute en cuivre et pesait 7 killog. 50. Nous avons dessiné au diagraphe le moule du genou (1), ainsi que l'appareil dont le malade se servait (2).

Cet appareil se composait d'une jambe creuse en cuivre et d'un pied du même métal; la cuisse, aussi

(1) Voyez Pl. 22, fig. 2.

(2) Voyez Pl. 15, fig. 1.

en cuivre dans sa partie antérieure, renfermait un coussin rembourré sur lequel le genou venait reposer. L'ensemble de l'appareil donnait une idée assez exacte des anciennes armures des chevaliers.

Nous retrouvons dans cet appareil les inconvénients que nous avons signalés dans les anciennes jambes artificielles destinées à l'amputation au lieu d'élection. La flexion du genou artificiel n'avait pas lieu à son niveau naturel; pendant la station assise la cuisse présentait un prolongement assez marqué en avant, tandis que la partie jambière offrait un raccourcissement équivalent à la trop grande longueur de la partie fémorale. Ajoutons que le poids énorme que le malade était forcé de traîner occasionnait une très grande fatigue.

Nous avons fait pour ce malade un membre artificiel à peu près semblable à nos jambes inflexibles pendant la marche, c'est-à-dire que nous avons fait un cuissart circulaire qui se terminait inférieurement par une capsule embrassant exactement la figure des condyles du fémur, et travaillée sur le moule en plâtre que nous avions fait prendre.

Le reste de l'appareil est la reproduction de celui

que nous venons de citer (1). Nous n'avons pas employé la jambe *flexible en marchant* pour ce cas, quoiqu'elle lui fût parfaitement applicable; mais c'est ici une question de dates, nous ne l'avions pas encore inventée alors.

Le malade a ainsi pu faire de longues courses, plusieurs lieues de suite sans ressentir de fatigue et sans que la cicatrice ait jamais présenté la moindre excoriation, accident très fréquent avec son premier appareil.

Il ne nous reste plus à traiter que des moyens employés pour les cas de désarticulation de la cuisse et des différentes amputations du pied.

Nous nous occuperons d'abord du cas de désarticulation de la cuisse, parce que les appareils employés en cette occurrence se rapprochent aussi de ceux dont nous nous sommes servi pour les autres cas d'amputation déjà examinés.

Le premier appareil que nous avons vu était appliqué sur un soldat opéré en Afrique. Son appareil était disposé à peu près comme le cuissart ordinaire; seulement, au lieu de présenter une gaîne, un cône, pour renfermer la cuisse, il offrait à la place

(1) Voyez Pl. 22, fig. 1.

une espèce de godet peu profond qui recevait la tubérosité de l'ischion, et supportait le poids du corps pendant la station et la déambulation; mais il présentait un point d'appui trop peu considérable, pouvait se déplacer facilement, et le malade était forcé de le conduire avec la main pendant la progression. Dans la station assise, l'appareil se déplaçait constamment, et il fallait le remettre avec soin avant d'essayer seulement un pas (1).

Frappé des nombreux inconvénients qu'il remarquait dans les quelques appareils proposés pour ce cas d'amputation, le Dr Foullioy a imaginé et présenté à l'Académie de Médecine un membre artificiel parfait, et qui dénote une entente réelle des principes de l'Anatomie unis aux lois de la Mécanique appliquée.

Dans la crainte d'altérer la pensée de l'auteur, nous croyons devoir le laisser parler lui-même. Il dit en effet, dans un mémoire qu'il a adressé à l'Académie à ce sujet, et dont il a bien voulu nous donner un extrait :

« La station assise entrait pour nous dans les » vues de la Providence; on ne peut arrêter la pen-

(1) Voyez. Pl. 25, fig. 1.

» sée sur le système d'organisation de la partie in-» férieure du tronc, sans en demeurer convaincu. » La position et le volume de la tubérosité ischiati-» que, l'épaisseur et l'élasticité du tissu cellulaire » qui la recouvre, la densité plus grande de la peau » rendent cette région très propre à supporter le » poids du corps. Elle l'est également à la trans-» mettre, observation sur laquelle se règle la pro-» thèse et a dû se régler le procédé opératoire. » Néanmoins, quelque heureusement disposée que » paraisse la tubérosité de l'ischion, elle forme, en » cas de suppression d'un membre inférieur, une » base de sustentation trop étroite, soit pour la sta-» tion, soit pour la marche; elle n'est pas assez » proéminente pour qu'on puisse y attacher le mem-» bre artificiel; elle est immobile et par conséquent » incapable d'imprimer elle-même le mouvement : » aucun intermédiaire naturel n'amortit efficace-» ment les chocs que produit la répercussion du sol. » Avant d'avoir remédié à ces divers inconvénients, » on se flatterait en vain d'une réussite complète.

» Dans l'état ordinaire, les extrémités abdomi-» nales servent de contre-poids à la partie supé-» rieure du torse et élargissent son assiette. Une

» d'elles désarticulée, le corps cesse d'être balancé » et ne pose que sur une saillie osseuse, large à la » vérité, mais convexe, et ne touchant le plan de » sustentation que par un seul point; une simple » quille ajustée à cette saillie laisserait le sujet dans » une vacillation perpétuelle. La nature a bien pu » faire passer le poids du corps par une ligne étroite » et centrale, parce qu'elle a distribué autour d'elle » des agents contractiles qui maintiennent l'équi- » libre; mais nous sommes privés de ces admirables » ressorts, et pour suppléer, dans son mécanisme, » le membre naturel, il faut que les moyens de pro- » thèse embrassent tout l'espace qu'ils occupaient. » Or, l'espace dont il s'agit ne se réduit pas à la » circonférence cylindrique de la cuisse; il com- » prend la surface du bassin à laquelle sont insérés » les muscles qui, pendant la station et la locomo- » tion, assurent un rapport normal entre l'os des iles » et le fémur. Selon cette vue, nous avons élargi et » rendu ovalaire la cuvette qui reçoit la région is- » chiatique; nous lui avons donné 18 centimètres » 1/2 d'avant en arrière et 16 1/2 de dedans en de- » hors. De sa partie externe, s'élève un rempart » moulé sur les régions iliaque et fessière, en sorte

» que les neuf dixièmes de la moitié correspondante » du bassin s'emboîtent exactement dans sa courbe. » Les tiges métalliques destinées au prolongement » du membre se fixent aux extrémités du diamètre » transversal de la cuvette; elles descendent en se » rapprochant et communiquent à l'ensemble des » pièces l'apparence d'un cône renversé, ce qui est » aussi la forme du membre naturel, abstraction » faite du pied.

» La pièce principale qui s'adapte au bassin est » fortement assujettie par cinq courroies : les deux » premières font l'office de ceinture en passant au- » dessous de la crète iliaque; deux autres concou- » rent au même but, mais sont placées plus haut, » vers le thorax; la cinquième descend de l'aisselle » pour se boucler à la partie moyenne du bord su- » périeur du rempart. Nous n'avons point hésité à » sacrifier la légèreté à la solidité; la charpente de » l'appareil est en acier, et nous l'avons rendue assez » forte pour résister longtemps aux secousses vio- » lentes qui se renouvellent incessamment pendant » la marche. Cependant le poids total n'excède » pas trois kilog. 335 gr., qui ne représentent pas » tout à fait la moitié du poids du membre naturel.

» La jambe mécanique de Martin pèse 2 kilog. 625 » gr, ; la différence n'est donc que de 710 gr.

» Où trouver le principe du mouvement ? On tenterait en vain de l'emprunter à l'os innominé, qui » est lui-même immobile. Nous l'avons cherché dans » les articulations des vertèbres à la région dorso- » lombaire et dans les muscles puissants qui vont de » la poitrine au bassin. Il nous a dès lors fallu lier » notre appareil au thorax, et surtout aux épaules, » au moyen d'un corset doublé (1).

» Le résultat a été au delà de nos espérances. Par » des contractions musculaires étrangement combi- » nées, et à la faveur d'une sorte de mouvement on- » dulatoire du tronc, notre opéré projetait le mem- » bre artificiel et transportait le poids du corps avec » autant d'aisance que de rapidité. Aucun appui ne » lui était nécessaire sur un plan uni ; à l'aide d'une » canne il achevait, sans se reposer, un trajet de » deux milles sur le terrain montueux des environs » de Brest. Son pas mesuré entre deux empreintes » du pilon était d'un mètre trois décimètres, quoi- » que la taille du sujet ne fût que de 1^{m},50. Comme

(1) Voyez Pl. 23, fig. 1.

» l'armée navale ne possède pas d'hôtel des Invalides, » nous avons, au deuxième arrondissement maritime, » beaucoup d'hommes privés d'un membre infé- » rieur; Robin le disputait aux amputés de la jambe » et l'emportait sur les amputés de la cuisse pour » la vitesse, la précision et la fermeté de la marche.

» J'ai attribué l'activité et l'énergie de la progres- » sion sur le pavé de la ville aux précautions que » nous avons prises pour amortir les ébranlements » occasionnés par la rencontre du sol. Quand le pi- » lon frappe la terre, le mouvement de répercussion » ne monte point directement par une quille unique » vers l'axe de l'ischion; il se divise et se propage » le long des tiges métalliques, où il est affaibli par » le contact de deux feuilles de cuir épais. Parvenu » au haut de la cuisse, il est décomposé par un angle » droit, mécanisme analogue à celui de l'organisa- » tion naturelle : une partie se disperse sur le rem- » part; l'autre est transmise à la cuvette, qui, par » sa structure, absorbe les dernières vibrations (1).

» Deux articulations ménagées au genou et au ni- » veau de la cavité cotyloïde permettent au malade

(1) Voyez Pl. 23, figure 1.

» de s'asseoir, de replier le membre, et de garder » commodément l'attitude du repos.

» Je crois pouvoir compléter la conclusion des » considérations qui précèdent en disant que, si » l'extirpation de la cuisse n'est pas, sous le rapport » de la perte du sang, de la douleur et des phéno- » mènes inflammatoires, plus dangereuse que l'am- » putation dans la continuité du fémur, elle ne laisse » pas non plus, après elle, une mutilation dont les » effets soient plus difficiles à corriger. »

Faut-il l'avouer? nous disions avec une certaine conviction, à feu le Dr Foullioy, que nous étions jaloux de sa découverte; qu'elle était bien la conséquence des premières que nous avions faites nous-même, mais que seulement il avait trouvé une occasion favorable pour nous devancer dans la carrière. Il nous répondit, avec cette candide bonhommie qui le caractérisait : «*Plus heureux que beaucoup de chirurgiens plus habiles que moi, j'ai réussi trois fois à sauver des malades qui avaient subi cette horrible mutilation.*» Il ajoutait que, s'aidant des lumières de la tradition ancienne et aussi des découvertes modernes, il avait cherché à faire l'application des meilleures idées prothétiques pour ce cas à peu près abandonné des autres chirurgiens. Nous retrouvons en effet la plupart de nos principes dans l'ensemble de l'appareil; mais au Dr Foullioy seul appartient l'idée du point d'appui embrassant toute l'étendue du bassin sur le côté où le membre a été emporté.

Nous arrivons à l'amputation dans l'articulation tibio-tarsienne de M. le Dr Baudens, et nous allons examiner l'appareil que ce chirurgien a conseillé :

Nous dirons qu'il se compose d'une bottine en cuir assez semblable à celle employée par quelques chirurgiens pour l'amputation partielle du pied (1); que le moignon contenu dans cette bottine appuie son extrémité sur un coussin placé au fond. Nous reprochons à cet appareil tous les inconvénients attachés à ceux de la même espèce. Nous ajouterons que nous avons vu un militaire amputé dans l'articulation tibio-tarsienne, porteur donc de l'une de ces bottines, être victime d'accidents assez graves pour que la vie ait été souvent compromise, et pour que l'on ait été forcé de lui pratiquer l'amputation au lieu d'élection, l'amputation sus-malléolaire étant devenue impossible. Nous croyons donc qu'il faut renon-

(1) Voyez Pl. 24, fig. 4.

cer à cet appareil, et peut-être à cette amputation ; car, en pareil cas, la confection d'un membre artificiel est chose bien difficile.

Toutefois, dans ces derniers temps, les Drs Syme, J. Roux et Morel ont proposé une modification au procédé opératoire de M. Baudens : au lieu de conserver le lambeau sur le dos du pied, ils se servent de la peau du talon, qui, comme on le sait, est d'une structure tout à fait différente et beaucoup plus propre à servir à la station et à la progression. Il nous est impossible d'établir *à priori* les avantages que ce mode opératoire pourra présenter ; seulement nous pouvons affirmer qu'après cette amputation, il sera plus difficile de masquer la mutilation qu'après l'amputation sus-malléolaire.

Nous avons été appelé à faire un appareil pour un cas très remarquable d'amputation tibio-tarsienne congénitale, et pratiquée probablement par une bride placentaire ; nous avons réussi à faire marcher notre malade ; mais l'appareil, devant envelopper les malléoles sans les presser, présentait un volume très considérable et constituait une difformité trop apparente, surtout pour une jeune femme, à laquelle il était destiné.

On sait que, dans le cas d'amputation partielle du pied selon la méthode de Chopart, le calcanéum a toujours une grande tendance à remonter en arrière, ce qui fait que le poids du corps vient reposer sur la cicatrice et en détermine souvent la déchirure. Un grand nombre de chirurgiens ont proposé des moyens pour remédier à ce grave inconvénient; presque toutes les tentatives qui ont été faites avaient pour but de maintenir le moignon dans sa direction normale pendant le traitement, soit en repoussant le talon en bas, soit en coupant le tendon d'Achille, soit même comme le conseillait Blandin, en relevant la partie antérieure du moignon à l'aide de bandelettes agglutinatives. Mais, nous devons le dire, on n'avait pas saisi la véritable cause de ce renversement de l'os du talon.

En effet, si l'on considère attentivement la disposition du squelette du pied, on remarque que l'ensemble de ses os forme une voûte assez élevée vers sa partie moyenne; le calcanéum, le seul os qui doive nous occuper maintenant, est incliné de bas en haut et d'arrière en avant, et forme avec le sol un angle dont le sinus est d'environ 25 à 30 degrés. Cet os est maintenu dans cette position par le reste de la voûte du pied. Or, dans l'amputation de Chopart, la partie antérieure de cette voûte se trouve détruite; le calcanéum reste isolé et n'est plus soutenu en avant. Le poids du corps venant ensuite à presser sur cet os, la force d'exécuter un mouvement de bascule qui abaisse son extrémité antérieure et paraît élever la partie postérieure; en un mot l'os est forcé de prendre une position horisontale pour venir reposer sur le sol. Nous devons ajouter que, les tendons fléchisseurs du pied étant coupés dans cette opération, le tendon d'Achille restant et n'ayant plus d'antagonistes doit tendre à produire l'élévation du talon. Après l'explication que nous venons de donner des causes de ce phénomène, il sera facile de comprendre que, quelques précautions que l'on prenne pendant le traitement, le déplacement aura lieu de toute nécessité quand le malade commencera à marcher avec les appareils ordinaires. Nous montrerons qu'avec une bottine imaginée par nous pour ce cas d'amputation, le calcanéum peut être maintenu dans sa direction normale, et qu'avec elle la marche peut s'exécuter avec une grande facilité, et longtemps, et sans fatigue.

Divers appareils ont été proposés pour faire marcher les malades à la suite de cette opération; nous allons essayer de les passer en revue.

On a d'abord voulu simplifier, autant que possible, les moyens prothétiques, et on est arrivé à faire des appareils qui n'ont pu servir à rien : ainsi, on a essayé de chausser le moignon à l'aide d'un brodequin lacé et garni seulement d'un bout de pied en liège ; mais, outre l'inconvénient de laisser le calcanéum reposer à nu et à plat sur la semelle, dans une position vicieuse, il y avait encore le danger de presser en avant sur la cicatrice, et de la déchirer presque toujours. Les malades ont donc été forcés de renoncer promptement à ce moyen de prothèse. Nous avons vu le Pr Blandin, bien persuadé que la précaution qu'il prenait de ramener le calcanéum dans une direction qu'il croyait devoir remédier à tous les inconvénients que nous avons signalés, vouloir revenir à ce moyen prothétique ; nous l'avons vu multiplier les essais autant que la patience des malades pouvait le lui permettre, et les malades étaient bientôt forcés de renoncer et demandaient pourquoi on leur avait fait une opération qui devait les laisser pour toujours dans l'impossibilité de se tenir debout ou de marcher, tandis que leurs camarades, amputés sur un point plus élevé du membre, pouvaient se servir de leur jambe artificielle comme s'ils n'avaient pas subi de mutilation. L'un d'eux est venu en pleurant nous demander s'il ne devait pas réclamer comme un bonheur une nouvelle amputation. Nous avons pu, à l'aide de notre appareil, lui rendre la station et la progression si faciles, qu'il a pu exercer sa profession de garçon marchand de vin.

On a continué les essais en suivant toujours le même ordre d'idées, et on est arrivé au même résultat, c'est-à-dire que les amputés n'ont pu marcher, quand parfois ils ont marché, qu'avec une difficulté et une douleur excessives.

Nous avons eu l'occasion d'observer un malheureux Espagnol qui, ayant servi dans les armées françaises, avait eu les deux pieds gelés dans la campagne de Russie ; il se traînait péniblement à l'aide d'appareils construits d'après les mêmes principes. Ce malheureux avait subi une amputation tarsienne et une amputation tarso-métatarsienne, ou plutôt ses pieds gelés et gangrenés s'étaient détachés d'eux-mêmes aux points que nous venons d'indiquer.

Nous avons fait construire pour lui deux appareils différents (1). Le premier, pour l'amputation tarsienne, présentait une surface en liège moulée exactement sur la partie qui restait de la plante du pied; deux attelles latérales en acier, fixées sur une semelle aussi en acier, montaient jusqu'à la jarretière et maintenaient le pied immobile et comme ankilosé sur la jambe (fig. 1). Le dessous de l'appareil présentait une surface arrondie en forme de bateau, sur laquelle il pouvait, par le développement de cette partie sur le sol, progresser avec assez de facilité. Le second pied, présentant une surface plantaire plus étendue, nous a permis d'articuler les attelles à la hauteur des malléoles (2).

Le malade n'avait jamais cherché à dissimuler sa mutilation, toute son ambition consistait à pouvoir marcher, et c'est ce résultat seul que nous avons voulu obtenir pour lui; aussi ces appareils étaient-ils très imparfaits sous le rapport de l'imitation des portions de membres perdues; seule-

(1) Voyez Pl. 24, fig. 1 et 2.
(2) Voyez Pl. 24, fig. 2.

ment, avec eux, l'amputé pouvait faire plusieurs lieues de suite à pied, tandis que, auparavant, à peine lui était-il permis de se traîner péniblement d'un bout à l'autre du jardin des Tuileries.

Depuis, nous avons employé souvent, avec quelques modifications, cet appareil, et toujours nos amputés ont pu marcher avec une grande facilité. L'un d'eux est encore en ce moment à Bicêtre et vient souvent à pied jusqu'au centre de Paris (1).

Nous avons dû ensuite, pour d'autres malades, chercher à dissimuler la mutilation tout en leur rendant la progression facile, et c'est ce que nous avons obtenu avec l'appareil suivant (2).

Une gaîne en peau solide, moulée exactement sur le moignon, est attachée à deux attelles latérales en acier qui viennent s'articuler au niveau des malléoles avec un étrier fixé sur une semelle, aussi en acier. La semelle est garnie antérieurement d'un morceau de liège qui représente l'avant-pied. La gaîne de peau, malgré la pesanteur du corps qui repose sur elle pendant la progression, est suspendue de manière à ne jamais toucher la semelle

(1) Voyez Pl. 24, fig. 3.

(2) Voyez Pl. 25.

inférieure ni la partie représentant l'avant-pied. Une bande de tissu de caoutchouc, croisée sur le coude-pied et embrassant à la fois le bas de la jambe et le pied artificiel, ramène constamment le pied dans la flexion, lorsque le poids du corps ne repose pas sur lui (1).

Il résulte de cette disposition que le moignon reste suspendu dans cette sorte de hamac qui le maintient dans sa configuration naturelle sans le gêner ni le blesser; de plus, le malade peut marcher sans que son moignon rencontre aucun autre point de l'appareil que la gaîne en peau. Le tout est chaussé avec un brodequin ou une botte, selon le sexe de l'amputé, et dissimule parfaitement la difformité.

Nous pourrions citer une religieuse Hospitalière de Paris qui fait usage de ce moyen prothétique et ne le cède en rien à ses compagnes sous le rapport de la célérité et de la régularité de son service.

Un fabricant d'instruments de chirurgie, ayant la prétention de tout perfectionner, a imaginé de modifier cet appareil, et, selon ses propres expressions, «de le mettre à la portée de toutes les fortunes.» Il a

(1) Voyez Pl. 25, fig. 2.

d'abord reproduit en partie ce que nous avions fait, il y a environ quinze ans, pour notre Espagnol : il a placé deux attelles latérales articulées, pour maintenir la jambe et permettre les mouvements de flexion et d'extension du pied ; puis, comme fâché d'avoir fait quelque chose qui lui paraissait utile, il a fixé sur les attelles latérales deux arcs-boutants se rendant à la partie antérieure du pied artificiel, et s'opposant à tout mouvement dans l'articulation qu'il avait ménagée avec tant de soin. Depuis, voulant encore simplifier, il a supprimé les attelles latérales et n'a conservé que les arcs-boutants, qui sont fixés d'une part en haut de la tige de la bottine, et de l'autre au pied artificiel (1). Ces appareils, malgré les prétentions de leur auteur, ne peuvent servir en aucune manière à la déambulation, et la bonne sœur Hospitalière que nous citions tout-à-l'heure fut forcée de les abandonner après des essais répétés avec une incroyable constance pendant plusieurs mois.

Nous aurons peu de chose à dire au sujet des appareils employés pour le cas d'amputation tarso-métatarsienne, car nous n'avons eu l'occasion de

(1) Voyez Pl 24, fig. 4.

l'observer qu'une fois : nous voulons parler de l'Espagnol cité tout-à-l'heure. Ainsi que nous l'avons déjà dit, nous avons employé pour lui une bottine présentant deux attelles latérales articulées, fixées sur une semelle solide formée en partie d'acier (1). Mais on pourrait ajouter un bout de pied en liège pour remplacer la partie emportée, et rendre ainsi les deux pieds parfaitement pareils.

Ici se termine ce que nous avions à dire sur les moyens prothétiques employés dans les différents cas d'amputations du membre inférieur. Nous aurions pu donner plus d'extension à ce travail, mais nous avons craint de fatiguer l'attention de détails d'expérimentations oiseuses ou maladroites, d'une nomenclature d'imitations sans valeur; nous avons voulu seulement donner les jalons de l'histoire de la Prothèse, indiquer les progrès malheureusement bien faibles de cet art jusqu'à nos jours, montrer la voie que nous avons ouverte; en un mot, indiquer franchement ce que nous devons à nos prédécesseurs et ce que nous avons fait.

(1) Voyez Pl. 24, fig. 2.

Dans un appendice, nous allons nous occuper de quelques appareils pour les cas de fractures non consolidées, de luxations, de brièveté et de déformation ou de paralysie des membres.

APPENDICE

Nous n'essaierons pas de tracer l'histoire des appareils mécaniques employés pour les cas de fractures non consolidées, de luxations, de brièveté des membres, etc.

D'abord c'est à peine si les auteurs les mentionnent ; nulle part on n'en trouve la description, à moins qu'on ne veuille considérer comme telle le dessin et l'indication qui sont dans les Œuvres d'Amb. Paré, et qui ont été reproduits par Scultet et par beaucoup d'autres. Cet appareil (1), qui n'est au fond qu'une béquille ordinaire, a été construit dans le but de rendre la progression possible dans un cas de flexion angulaire du genou ; il paraît devoir présenter un certain degré d'utilité, mais ne masque en aucune façon la difformité. Nous

(1) Voyez Pl. 26.

l'examinerons en nous occupant des appareils pour la flexion des membres.

Au surplus, comme les indications varient pour chaque cas particulier, il est à peu près impossible d'établir des principes généraux pour ce genre d'appareils. C'est donc au génie du chirurgien ou du mécanicien, ou mieux du *chirurgien-mécanicien*, de modifier ce qui a déjà été fait, ou d'inventer un appareil nouveau, si ceux qui existent ne peuvent satisfaire aux indications qui se présentent. Ce serait encore ici l'occasion de répéter ce que nous avons déjà dit, et de démontrer que les études à la fois anatomiques, chirurgicales et mécaniques sont tout aussi indispensables pour la construction de ce genre d'appareils que pour les membres artificiels; or, dans la circonstance qui nous occupe, il est au moins nécessaire d'y ajouter encore l'Anatomie pathologique, c'est-à-dire la connaissance parfaite des désordres survenus par le fait du déplacement des os.

Quel que soit notre désir de nous restreindre, voici cependant certaines notions qui rentrent forcément dans notre plan :

Les fractures non consolidées (c'est par là que

nous commencerons) paraissaient devoir présenter les plus grandes difficultés; mais, grâce à nos études antérieures, nous avons eu peu de peine à résoudre les problèmes qu'elles font naître. En effet, comme dans ce cas, l'os intérieur ne pouvait plus servir de soutien au corps, il nous a fallu chercher à placer nos malades dans la condition des crustacées, en donnant à leur membre une sorte de squelette extérieur, et c'est ce que nous avons obtenu en faisant usage du mécanisme des jambes artificielles que nous avons imaginées pour le cas d'amputation sus-malléolaire, et présentant un point d'appui sur la tubérosité sciatique. Seulement, comme le membre existe en entier, nous avons dû remplacer le pied de la jambe artificielle par une chaussure qui reçoit le pied naturel.

On conçoit que,le poids du corps reposant sur la partie supérieure de l'appareil, et le membre fracturé se trouvant maintenu dans une gaîne solide, sans être comprimé, la station et la progression, deviennent possibles.

Delpech (1) conseille, dans ce cas, de faire usage

(1) *Dictionnaire des Sciences médicales*, tom. III.

d'un appareil « *embrassant l'un et l'autre* fragment »de la fracture, et qui, en passant sur le point de »la division, supplée à la continuité de l'os et rend »au membre sa solidité et aux muscles leurs fonc- »tions. » Il dit que « le Professeur Boyer a souvent »réussi dans des cas d'articulation contre nature »du bras ou de la cuisse, en employant des espèces »de brassards ou de cuissards. » Nous ne savons jusqu'à quel point il faut ajouter foi à l'assertion de Delpech, et de quelle utilité pouvaient être ces sortes d'appareils; car nous voyons plus tard Boyer (1) lui-même conseiller l'amputation quand tous les moyens chirurgicaux ont été tentés sans succès, et il ne dit pas un mot des moyens mécaniques qu'il aurait proposés ou employés pour rendre au membre sa solidité et ses fonctions.

Le premier malade auquel nous avons fait l'application de notre nouvel appareil était soigné par MM. les Professeurs Marjolin et Cloquet. Il était affecté d'une fracture comminutive de la jambe, occasionnée par le passage d'une roue de voiture; cette fracture datait de neuf mois environ, et pré-

(1) *Traité des maladies chirurgicales.*

sentait à peine un commencement de consolidation. Sur la prescription de ces honorables praticiens, nous avons fait construire l'appareil que nous venons d'indiquer, et le malade, qui ne s'était pas levé depuis son accident, a pu faire une longue course en voiture et une promenade d'environ un quart de lieue à pied le jour où l'appareil lui a été appliqué pour la première fois.

Le malade a continué à marcher, et, à partir de ce moment, la consolidation de la fracture a fait des progrès très rapides; enfin, au bout d'environ six mois, le malade guéri pouvait monter à cheval, sauter, danser sans aucun appareil, et sans que le membre présentât le moindre raccourcissement ni la moindre déviation latérale.

Depuis, nous avons eu plusieurs fois occasion d'employer le même appareil pour des pseudarthroses anciennes. Nous choisirons, parmi les plus remarquables, un malade auquel le Professeur Blandin avait été forcé de faire la résection d'un cal tellement vicieux, que le malade ne pouvait se servir de son membre. Après l'opération, les bouts résequés des os, éloignés l'un de l'autre d'environ 6 centimètres, se cicatrisèrent séparément, et le malade conserva une fausse articulation située à la hauteur de la jonction du tiers supérieur de la jambe avec les deux tiers inférieurs, et présentant un écartement de 3 centimètres au moins, avec impossibilité de mouvoir volontairement la portion du membre placée au-dessous du lieu de la fausse articulation. A l'aide de notre jambe artificielle, prenant son point d'appui sur la tubérosité sciatique, le malade a pu et peut encore marcher avec facilité et faire au moins deux lieues de suite sans éprouver une grande fatigue.

Nous avons employé le même appareil pour une fracture non consolidée de la partie moyenne du fémur chez un brave vétéran de l'Hôtel-des-Invalides, nommé Dufour. Cet homme peut marcher et vaquer à toutes les occupations de la vie au moins aussi vite et aussi facilement que le feraient les amputés de la jambe avec les appareils ordinaires. Ajoutons que toutes les articulations naturelles du membre lui sont conservées(1).

(1) Dans trois cas, nous avons appliqué ce procédé (nécessairement très modifié) à des pseudarthroses du bras, et nous avons toujours réussi à rétablir les fonctions du membre dans resque toute leur intégrité. Dans l'un de ces cas, nous avons

En partant des mêmes principes, et toujours guidé par les mêmes idées, nous avons pu apporter de grands soulagements aux malades affectés de lésions d'un autre ordre; nous voulons parler des luxations. Seulement, dans ce cas, nous avons été forcé de modifier nos premiers appareils un peu plus que nous ne l'avions fait pour les cas de fractures, et souvent il a fallu passer par de nombreux tâtonnements avant d'arriver à procurer aux malades des moyens de progression qui ne fussent pas trop gênants ou trop apparents. Nous dirons les résultats que nous avons obtenus, et nous décrirons seulement quelques-uns des appareils qui nous ont réussi le plus fréquemment.

Dans tous les cas de luxation de la hanche, soit

vu le cal se former et la fracture se consolider pendant que le malade, aidé de notre appareil, se servait de son membre supérieur. Dans les deux autres cas, les malades se livraient et se livrent encore aux rudes travaux de la campagne : l'un d'eux peut labourer à la charrue toute la journée; il lui est même facile de charger un sac de grains à bout de bras et de le mettre sur une charrette; en un mot, fils de fermier, il peut remplacer chez son père l'ouvrier le plus actif et le plus dispos.

traumatiques, soit spontanés, où nous avons été appelé à donner nos soins, le déplacement avait lieu en haut et en arrière; nous avons encore fait usage du mécanisme dont nous avions déjà tiré un si grand parti (celui de nos jambes artificielles) ; seulement, nous avons été forcé d'ajouter une ceinture articulée pour corriger la rotation du membre et maintenir l'appareil, qui aurait vacillé et n'aurait pas présenté un point d'appui reposant toujours sur le même lieu. Puis nous avons dû terminer le bourrelet supérieur de notre appareil par une légère excavation destinée à recevoir la tubérosité sciatique. Selon les circonstances, il a été nécessaire, soit de couder les branches en arrière à la hauteur de l'articulation du genou, soit d'ajouter le ressort de batterie de fusil avec la fusée exagérée, soit même, dans quelques cas, de mettre un verrou comme celui des jambes artificielles, représentées planche 16, fig. 1, et planche 20, fig. 2. Ces diverses modifications ont été nécessitées par le degré plus ou moins avancé de la luxation, par la direction qu'affectait le fémur, ou enfin par le degré de raccourcissement du membre.

Lorsque nous avons été appelé à faire des appareils pour les Dames, nous avons mis sous ou dans la chaussure une élévation équivalant à peu près à la différence de longueur entre les deux membres. Mais pour les hommes, et quand le raccourcissement était assez considérable, nous avons imaginé un stratagème à l'aide duquel nous avons dissimulé le pied naturel dans la tige de la botte, en le plaçant dans l'extension et en mettant un pied artificiel dans la chaussure, ainsi qu'il est représenté planche 27, fig. 2, et planche 28, fig. 3. A l'aide de ce moyen, il n'y a aucune différence apparente entre les deux membres pendant la station et la progression.

Dans plusieurs exemples de luxations spontanées, soit que la tête du fémur ait contracté des adhérences avec la face externe de l'os coxal, soit que la nouvelle articulation soit devenue assez solide, nous n'avons eu qu'à corriger la différence de longueur qui existait entre les deux membres. Nous avons alors fait usage de l'appareil représenté planche 28, fig. 3, et qui se fixe à la jambe seulement. Dans un cas, entre autres, le raccourcissement était de 19 centimètres : il n'avait pas été possible d'employer avec succès le patin ordinaire (1), attendu que, par suite de la grande élévation que devait présenter nécessairement cet appareil, le malade se donnait souvent des entorses extrêmement violentes et avait failli se casser la jambe dès les premiers pas qu'il avait voulu faire. Ce malheureux était donc réduit à la triste nécessité de traîner des béquilles. Avec l'appareil que nous lui fîmes construire, il voyagea en Suisse et en Italie, et, si nous en croyons son témoignage, il a pu marcher des journées entières et gravir à pied, jusqu'au sommet, les plus hautes montagnes.

Puisque nous en sommes à parler du patin, disons qu'il existe un moyen d'éviter l'inconvénient que nous venons de signaler, c'est-à-dire le danger qu'il y a pour le malade de se donner des entorses toujours très graves, et souvent compliquées de fractures du péroné.

Ce moyen très simple consiste à ajouter, à la partie supérieure du patin, denx attelles d'acier montant jusqu'à la jarretière, inflexibles si le patin est très élevé, et articulées à la hauteur des malléoles si sa hauteur est médiocre; en un mot, il s'agit d'a-

(1) Pl. 27, fig. 3.

jouter au patin les attelles que nous avons employées pour notre Espagnol et représentées planche 24, fig. 1 et 2.

Dans les flexions angulaires du genou, le membre présente un raccourcissement d'autant plus considérable, que l'angle formé par les deux portions du membre est plus aigu. Ainsi que nous l'avons déjà dit, Amb. Paré (1) conseillait l'usage d'une sorte de béquille qu'il nomme *potence de grand artifice* (2). Cet appareil, assez ingénieux pour l'époque où il a été imaginé, ne serait plus admissible maintenant que, par suite des perfectionnements qui ont été apportés en toutes choses, nous sommes devenus beaucoup plus difficiles ; de plus, comme il est très apparent, il serait certainement repoussé par presque tous les malades.

Plus tard on a fait une espèce de support ne montant que jusqu'à la partie supérieure de la cuisse (3), et terminé par une plaque rembourrée destinée à servir de point d'appui à la cuisse. Cet appareil, nommé *sellette*, proportionné à la taille

(1) Œuvres, page 583.
(2) Voyez Pl. 26.
(3) Pl. 27, fig. 1.

de l'individu, présente, à la hauteur du pied, une semelle en fer sur laquelle le pied se trouve fixé, et qui, formant un second point d'appui, permet au pied de diriger l'appareil. La tige de fer peut être droite et présenter seulement un écartement, une sorte d'étrier, pour recevoir le pied et aider à conduire l'appareil.

On comprend que la progression puisse se faire à l'aide de cet appareil, et c'est à peu près le seul dont fait encore usage la majeure partie des estropiés ; mais, outre qu'il est très apparent, fait tout entier de fer, il présente encore l'inconvénient de frapper rudement sur le sol et de produire un bruit tellement fort, que l'attention est continuellement appelée sur les malheureux qui sont forcés d'y avoir recours.

Encore une fois nous avons cherché à présenter, aux malades atteints de ce genre de déformation du membre, un point d'appui plus solide et moins gênant, tout en cherchant à dissimuler une grande partie de la difformité. Ici, nous devons l'avouer, les difficultés se sont trouvées au-dessus de nos moyens, et, si nous avons réussi à rendre la station et la progression moins fatigantes, il ne nous a pas été possible de masquer entièrement l'infirmité.

Le premier malade pour lequel nous avons cherché à perfectionner ce genre d'appareils était porteur d'une sellette représentée planche 27, fig. 1. Ce jeune homme, d'une taille assez élevée et d'une corpulence extraordinaire à son âge, n'osait marcher tant son appareil faisait de bruit sur le pavé. La flexion du genou était très considérable et formait presque un angle droit; le pied se trouvait placé à 18 centimètres du sol. Nous avons fait construire pour lui l'appareil reproduit planche 27, fig. 2. Une gouttière en cuir, C, arrondie à sa partie postérieure et supérieure, reçoit la cuisse, qu'elle embrasse dans presque toute sa face inférieure, et présente un point d'appui à la tubérosité sciatique; deux longues attelles d'acier coudées, pour se conformer à la flexion du membre, sont fixées sur la *gouttière-cuissart*, et, descendant le long de la jambe, viennent s'articuler avec un pied artificiel, F; un support en bois, E, creusé à sa partie supérieure pour recevoir le pied, remplace la semelle ou l'étrier. Le pied est maintenu dans un certain degré d'extension, afin de dissimuler sa saillie antérieure. Le pied et toute la partie inférieure de l'appareil sont renfermés dans la tige de la botte G.

A l'aide de cette machine, le malade peut marcher pendant plusieurs heures de suite en se fatiguant moins qu'avec la sellette, et la difformité, qu'il est impossible de dissimuler complètement, est devenue à peine sensible lorsque le malade tient sa redingote fermée. Nous avons employé le même appareil un assez grand nombre de fois, et toujours les malades, pour lesquels nous les avons fait construire, se sont trouvés très heureux des modifications que nous avons apportées à leur progression et à l'apparence de leur difformité.

Dans un autre cas, et sur la demande du malade, nous avons disposé la partie inférieure de l'appareil d'une manière différente (1). Nous avons laissé le pied presque à plat, et nous avons établi deux tiges articulées qui correspondent de la chaussure du pied naturel avec le pied artificiel, et communiquent à ce dernier les mouvements de l'autre. Ce malade, habitué à porter un pantalon très large, dissimule assez facilement son infirmité et marche ainsi beaucoup plus facilement qu'avec aucun autre appareil.

Une autre fois, pour une Dame, nous avons tout

(1) Voyez Pl. 27, fig. 4.

simplement placé un pied artificiel presque au bout du pied naturel (1), et la difformité a été parfaitement dissimulée. On conçoit que, le pied naturel étant reporté en arrière, le genou se trouve rentré et présente une saillie moindre, tandis que le pied artificiel, avancé, ressort de dessous les vêtements et trompe assez bien l'œil pour qu'il soit difficile de s'apercevoir de la présence de l'appareil, et à plus forte raison de la difformité.

Cette dame, qui n'avait jamais marché qu'avec des béquilles, peut maintenant venir du faubourg Saint-Antoine, où elle demeure, jusqu'aux Champs-Élysées, sans se reposer.

Nous allons nous occuper maintenant de la paralysie des membres inférieurs, et c'est par là que nous terminerons cet Appendice.

La paralysie, comme on le sait, peut affecter l'un des membres pelviens ou tous les deux à la fois; elle peut frapper un membre tout entier ou seulement quelques muscles (généralement ce sont les extenseurs).

Lorsque le membre entier est paralysé, il peut arriver deux choses : ou bien l'articulation du ge-

(1) Voyez Pl. 28, fig. 1.

nou est portée dans une extension complète, et alors le malade peut marcher sans le secours d'aucun appareil, et à la manière de nos jambes artificielles; ou bien le genou conserve un certain degré de demi-flexion, et alors le secours de la Mécanique est indispensable. Cependant, disons-le tout d'abord, ici les appareils peuvent présenter un grand nombre de modifications qu'il faut être habitué à prévoir pour ne pas s'engager dans des essais multipliés, et pour procurer au malade l'appareil le plus convenable aux circonstances particulières de sa maladie. En effet, pour certains cas, il faut employer une bottine mécanique qui, tout en permettant la flexion du genou pour la station assise, puisse présenter un grand degré de solidité pour la station perpendiculaire et la progression. Cet appareil présente deux attelles latérales articulées à la hauteur du genou et maintenues dans une rigidité absolue chacune par un verrou (1). Une gaîne, dont la partie postérieure est en cuir ferme, embrasse la cuisse et remonte jusqu'à la tubérosité sciatique. A l'aide de cette bottine, les malades peuvent marcher pendant assez longtemps; mais ils sont forcés de mar-

(1) Voyez Pl. 28 fig. 2.

cher la jambe raide, et comme si le genou était ankilosé. Dans quelques cas, un seul verrou est suffisant, ce qui simplifie beaucoup l'appareil. Dans d'autres, il nous a suffi de mettre notre ressort d'extension, avec la fusée exagérée, à la hauteur de l'articulation fémoro-tibiale, pour donner assez de solidité au membre et lui permettre de servir à la progression; dans ces derniers cas, les malades marchaient, le membre flexible.

Mais, nous dira-t-on, comment reconnaître à quel appareil il faut avoir recours, et à quels signes reconnaître celui qui est parfaitement suffisant? Il faudrait, pour répondre catégoriquement à ces questions, étudier successivement les différentes modifications que la paralysie peut apporter dans la direction et dans l'état du membre; or, cela nous entraînerait nécessairement bien au-delà des limites que nous nous sommes posées.

Dans quelques circonstances, la paralysie est bornée aux muscles moteurs du pied : tantôt ce sont les extenseurs, tantôt ce sont les fléchisseurs qui sont frappés par la maladie. Quels que soient du reste les muscles affectés, l'indication est assez simple à remplir : si le pied présente son extrémité antérieure abaissée, il faut faire porter au malade une bottine dont l'action, déterminée par un ressort, est de relever cette partie; dans le cas contraire, la bottine agira en sens inverse.

Le sujet qui vient de nous occuper est tellement vaste, que, si nous avions voulu décrire tous les appareils que nous avons employés et aussi ceux que nous aurions pu prévoir, nous nous serions trouvé entraîné bien au-delà des limites de cet Essai. Nous réservons donc pour un peu plus tard les matériaux que nous avons rassemblés, et nous leur donnerons tous les développements que comporte leur importance dans un ouvrage que nous avons l'intention de publier sur la Prothèse en général.

F. M.

Description des Planches

PLANCHE I

Bottine de Verduin 1696 (1)

Fig. 1. La jambe artificielle.

A. Le pied de bois, garni d'un Bas et d'un Soulier.

B. La bote ou étui de cuivre, fendu aux deux côtés, pour donner entrée au moignon.

C. La courroie, qui ferme un peu la bote avec sa boucle, après qu'on y a fait entrer le moignon.

D. L'endroit où la bote tient au pied de bois.

E. E. Deux bandes de fer, avec deux pivots, pour entrer dans les deux bouts du cuissar, par le moyen desquels le genou s'étend et se plie commodément.

F. Le cuissar, dont l'usage est d'envelopper le devant de la cuisse : il est fait d'une lame de fer, doublée de cuir, et percée de deux trous pour recevoir les deux pivots. Il doit être assez ouvert par derrière, pour donner passage à la cuisse, et cette ouverture se doit fermer avec deux pièces de cuir, que l'on joint l'une à l'autre avec un bon cordon marqué G.

G. Le Cordon.

H. L'endroit où le genou se plie.

I. Le Bas de chamois pour vêtir le moignon et la cuisse.

Fig. 2. Le coussinet de chamois, garni de crin ou de duvet ; on le met dans le fond de la bote, afin que le moignon y repose plus commodément.

Fig. 3. Cette figure représente le malade entièrement rétabli, et appuié sur sa jambe artificielle.

(1) *De l'amputation à lambeau*, traduit par Massuet.

PL. I.

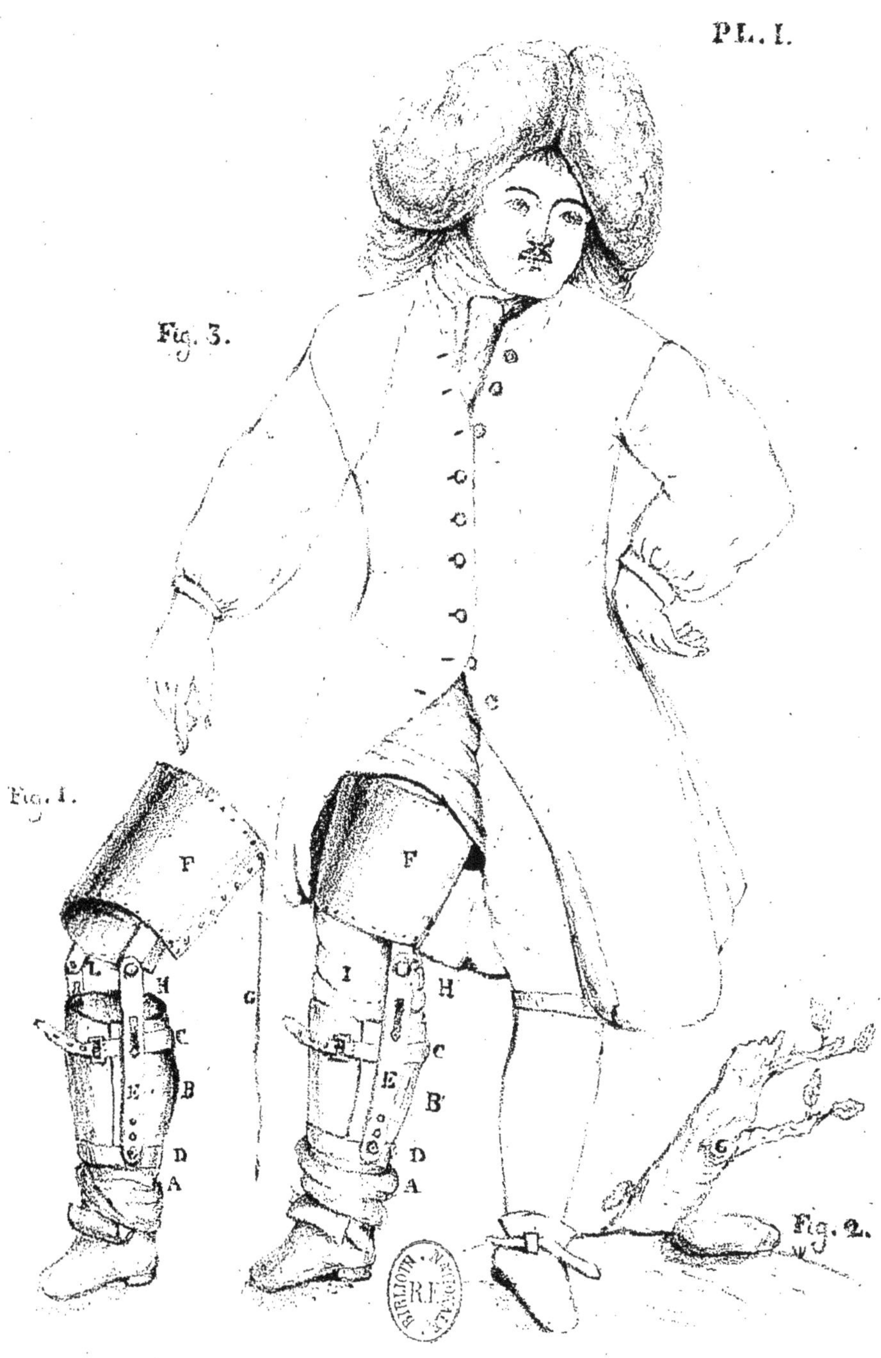

Lith: Fourquemin

PLANCHE II

Bottine de Ravaton (1)

Fig. 1. La jambe mise dans la bottine avec ses différentes attaches.

Fig. 2. La bottine mise en place, lacée, et le soulier bouclé.

Fig. 3. Le fer de la bottine monté.

Fig. 4. Le profil de fer du côté de la bottine.

(1) Ravaton, *pratique moderne de la chirurgie*, tome 3.

PL. 2.

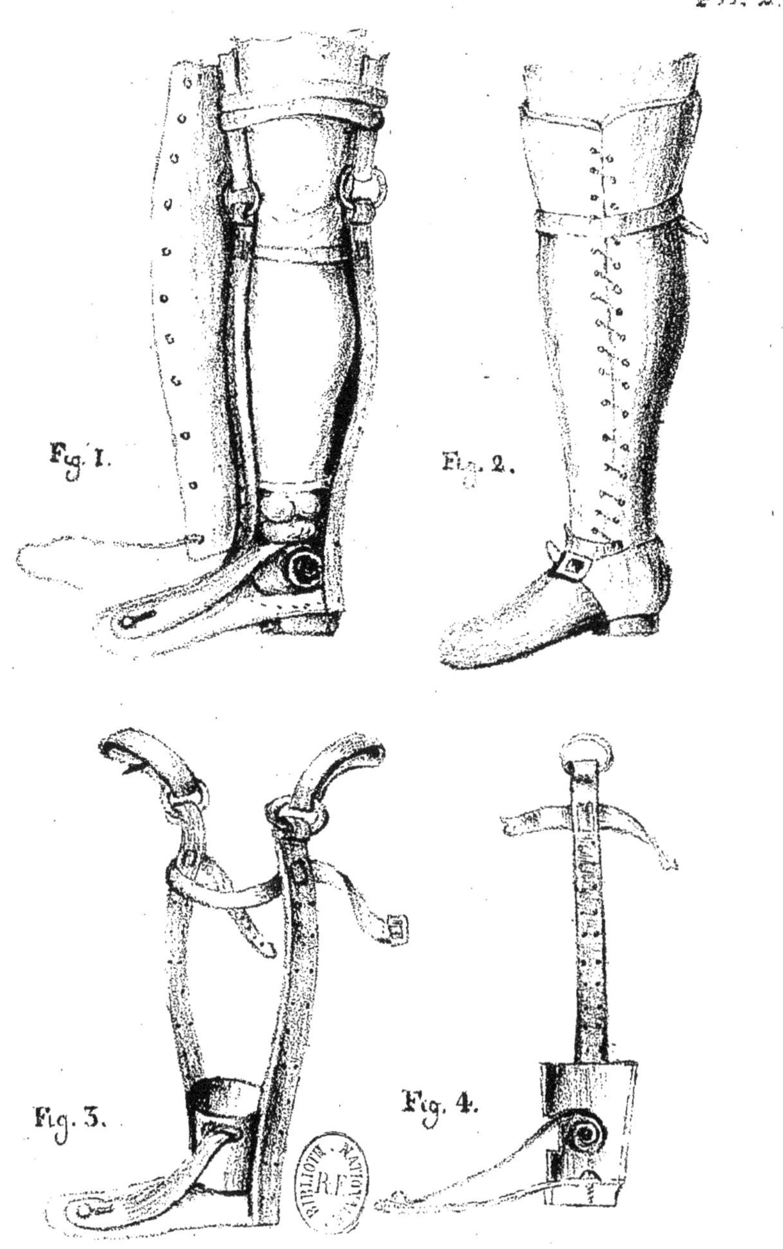

Lith: Fourquemin.

PLANCHE III

Bottine de Gavin Wilson d'Edimbourg 1767 (1)

Fig. 1. Jambe artificielle faite d'un cuir ferme durci.

A. Pièce ovale du même cuir, doublée de chamois, fixée sur une plaque de fer C, et qui se meut sur un pivot au genou. La courroie à laquelle est attachée une boucle, sert à fixer cette pièce à la cuisse. L'on attache de plus une autre pièce ovale à une semblable plaque de cuir sur le côté opposé de la cuisse : ces plaques de fer, ainsi que les pelottes ovales, doivent monter de neuf pouces environ sur la cuisse.

B. La jambe sur laquelle est figurée une courroie qui, partant de la plante du pied, vient s'attacher à une bretelle passant sur l'épaule du côté opposé.

Fig. 2. La pièce ovale de cuir qui est attachée à un fanon de fer.

Fig. 3. Morceau de peau de chamois mollette, qui s'attache au moyen d'une boucle et d'une courroie autour des coudyles du genou. Le poids de ceux qui font usage de ces espèces de jambes, porte sur les coudyles et la rotule, parce que le moignon reste suspendu sans aucune gêne au milieu de la jambe. Cette bande ou ce lac est très propre à prévenir la douleur et l'excoriation que pourrait produire sans ce secours le frottement de la jambe contre le genou.

(1) B. Bell, *Cours complet de Chirurgie*, traduit par Bosquillon, tome 6, page 306.

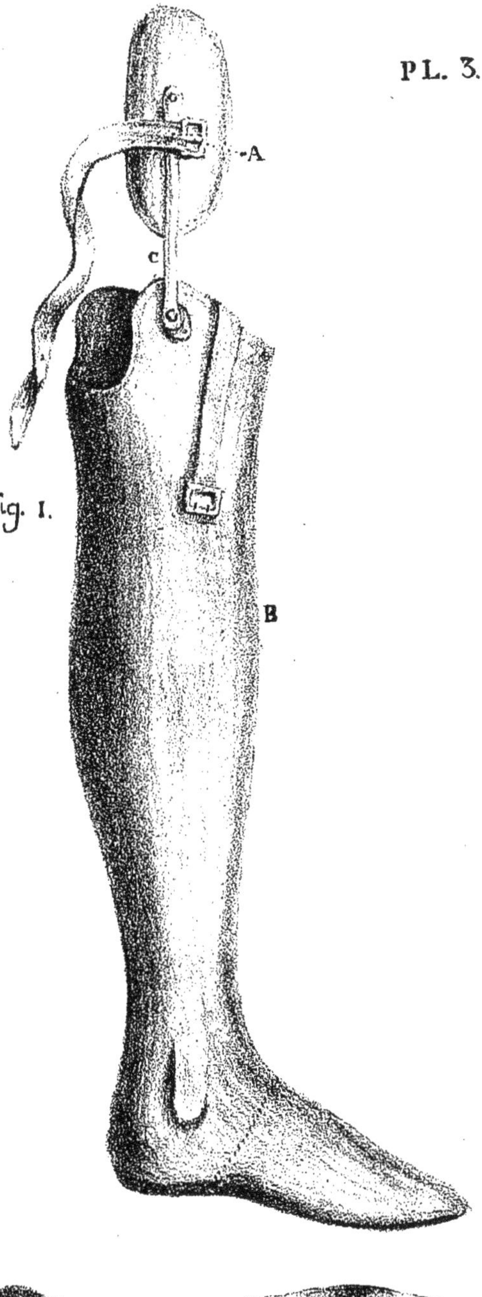

PL. 3.

A

C

Fig. 1.

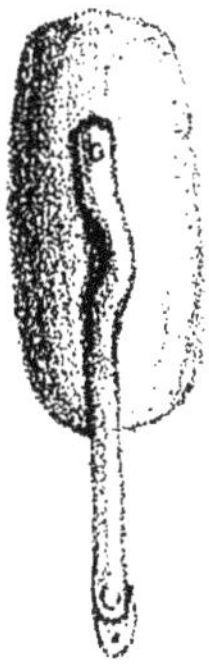

B

Fig. 2.

Fig. 3.

Lith: Fourquemin

PLANCHE IV

Bottines de White, de Manchester 1769 (1)

Fig. 1 et 2. Deux jambes artificielles gravées par M. White, de Manchester, dans ses *Observations de Chirurgie.*

Fig 2. AA. Jambe creuse d'étain, et recouverte de cuir mince. B, lacs de cuir avec une boucle sur la partie externe, afin de la fixer au-dessous du genou. C. D, longues barres d'acier qui doivent réunir à un degré de force convenable la plus grande dureté et une légèreté extrême. Ces barres sont unies par une charnière qui doit se trouver exactement vis-à-vis l'articulation du genou. E, arc d'acier mince et élastique, qui doit faire environ le tour des deux tiers de la partie inférieure de la cuisse, et s'attacher avec des lacs de cuir à une boucle sur la partie antérieure.

Fig. 1. Autre jambe artificielle, construite de même que celle de la fig. 2, à laquelle on a ajouté un pied fait de bois léger et des articulations mobiles, de manière à imiter parfaitement les mouvements naturels des articulations des malléoles et des doigts des pieds.

(1) B. Bell, *Cours complet de Chirurgie* tome 6, page 300.

PL. 4.

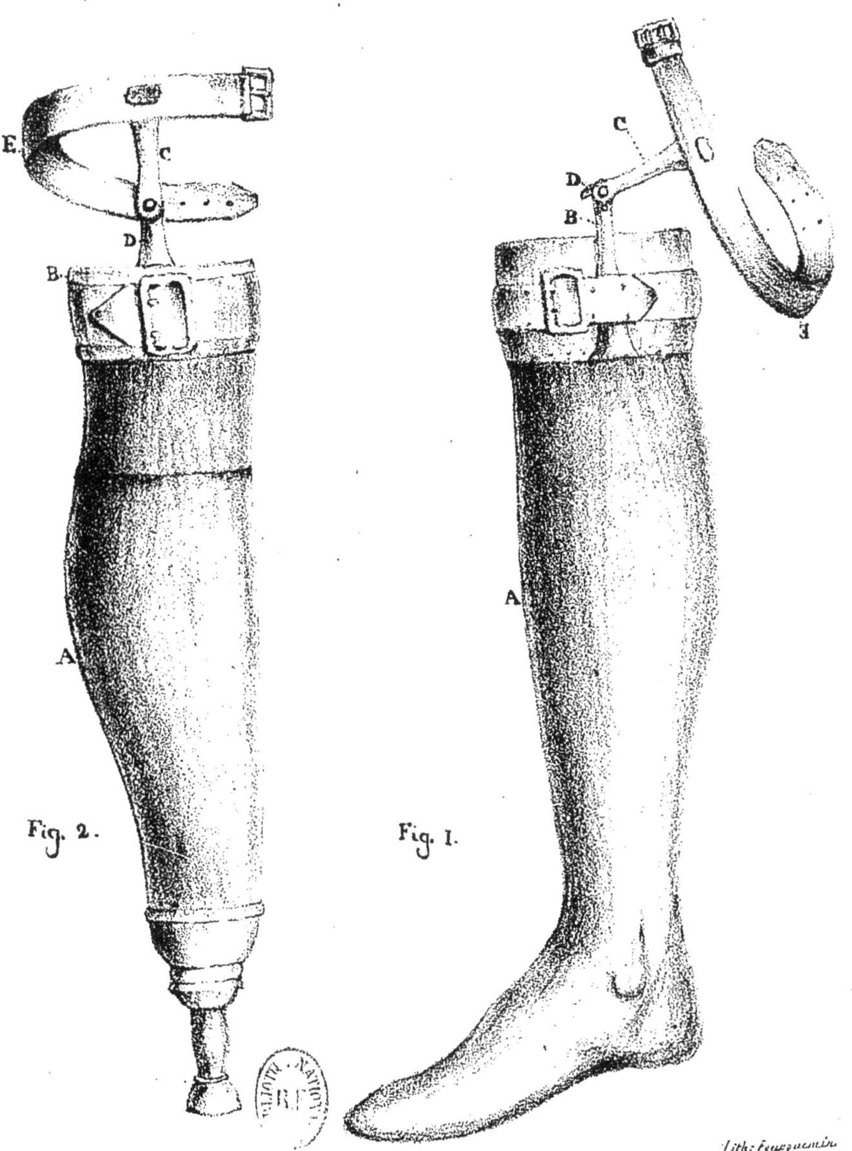

Lith: Fourquemin

PLANCHE V

Explication de la jambe de bois, fig. 1, proposée par M. Arnaud Souleyra (1)

Cette jambe de bois, au premier coup d'œil, parait pesante ; mais on sera convaincu du contraire, quand on saura qu'elle doit être faite de bois léger, comme le tilleul et le saule. Quoique faite d'une seule pièce A, on peut y distinguer deux portions, l'une supérieure et l'autre inférieure. La supérieure forme une goutière B, qui reçoit la jambe amputée ; la partie antérieure se trouve traversée par une courroie C, qui empêche le genou de se porter en avant ; à la même partie de cette goutière est un passant D, qui reçoit une courroie T, dont il sera question plus bas ; il y a aussi à la partie postérieure de la goutière deux passants E, E, l'un à droite et l'autre à gauche, pour recevoir la courroie qui doit assujettir la partie inférieure dela jambe amputée.

La partie inférieure, qui se continue avec la supérieure, est recouverte d'une toile noire, forte et bien collée sur la superficie de la portion F ; la partie qui appuie à terre est garnie d'une semelle G, en cuir plus ou moins épais, que l'on peut changer à volonté, et qui doit empêcher le bois de s'user ; la goutière où repose la jambe doit être matelassée par un coussin H, en cuir, et rembourrée avec du crin ou de la bourre ; le corps de la génoullière est couvert d'une basane cousue et collée sur cette pièce ; à la partie antérieure de la goutière se trouve un bourrelet I, assez saillant, qui, conjointement avec la courroie C, empêche le genou de glisser en avant. La courroie en T, lettre K, porte à l'une de ses extrémités deux boucles L, L ; elle doit être assez longue pour faire le tour du genou, et assujettir la partie inférieure de la cuisse : l'autre courroie M, sera également assez longue pour retenir dans la goutière la partie inférieure de la jambe amputée. Chacune de ces courroies est percée de plusieurs trous qui permettent de serrer plus ou moins ; la courroie qui doit assujettir la partie inférieure de la jambe, est terminée par une boucle N, et, comme les précédentes, elle doit être pourvue d'un nombre suffisant de trous.

On peut donner à cette jambe la hauteur que l'on jugera convenable ; cependant, moins elle aura de hauteur, plus le sujet aura d'aplomb et d'assurance dans la progression. Lorsqu'il n'y a qu'une jambe de moins, celle de bois doit avoir la même hauteur que la naturelle. Dans tous les cas, ces jambes de bois me paraissent préférables à celles qu'on fait porter communément, indépendamment des avantages qu'elles ont dans le cas particulier dont j'ai parlé, elles ont encore celui de ne pas exiger qu'on les fixe à la hanche par une courroie qui fait le tour du corps et qui fatigue ou incommode toujours plus ou moins l'amputé.

(1) *Thèse* présentée et soutenue à la Faculté de Strasbourg, le mardi 27 décembre 1814.

Explication de la figure 2

Jambe artificielle de Brunninghausen.

A, pièce du mollet, espèce de cône creux, en cuivre, qui reçoit le moignon. B, C, D, pièce du talon, du pied et des orteils confectionnés en bois léger et dur, par un sculpteur habile; *e*, *e*, clous vissés qui fixent à la première pièce A la pièce B; *f*, *g*, *h*, indiquent la direction et la forme que l'on donne aux surfaces contiguës des pièces B, C, D; *h*, *i*, ligne horizontale qui représente la position, l'étendue et la direction d'une forte charnière qui réunit la pièce B avec celle C, au moyen de laquelle elles sont mobiles; *l*, un ressort en acier qui est fixé sur le partie antérieure et inférieure de la pièce B et dont l'extrémité appuie sur une plaque de cuivre que représente la pièce *g*, destinée à ramener toujours dans une position horizontale la pièce *g*, ressort qui à chaque pas cède assez pour que les mouvements du pied s'exécutent facilement. La pièce C, est jointe à la pièce D par deux ressorts (*m*, *m*), qui se trouvent à la plante du pied.

Le bord supérieure de la pièce A, échancré sous le creux du jarret, est bordé d'un cuir, et garni d'une courroie forte qui est terminée par uue boucle qui traverse les deux tirans *o*. Sur les côtés de la pièce A se trouvent fixées deux courroies P, qui ont formé les deux tirans *o*, dont il a été question; les deux courroies P sont traversées par une autre courroie *q q*, qui porte également à son extrémité une boucle.

PL. 5.

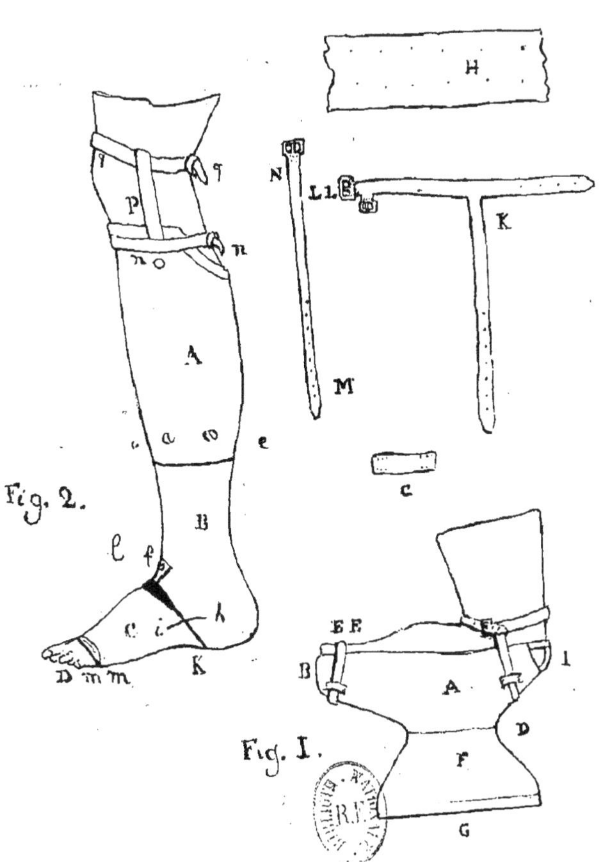

Lith: Fourquemin.

PLANCHE VI

Jambe artificielle de Mille (d'Aix) (1)

L'appareil appliqué au membre et vu par son côte externe

C. Ceinture en cuir à laquelle vient se fixer en X, l'extrémité supérieure de l'attelle fémorale externe.

F. Attelle fémorale externe.

J. Attelle jambière externe.

A. Articulation des attelles jambières et fémorales entre elles.

Z. Zône en tôle qui embrasse la partie supérieure de la cuisse, et sur laquelle repose la tubérosité sciatique.

Z D. Demi-zône en acier qui embrasse la partie antérieure et inférieure de la cuisse.

P. Pièce de peau qui complète en arrière la demi-zône d'acier.

L. Lacet par lequel cette pièce de peau se serre derrière l'attelle externe.

TT. Pièce de tôle qui réunit antérieurement les deux attelles jambières.

GD. Demi-guêtre qui embrasse la partie postérieure du moignon.

L'L'. Lacet par lequel la demi-guêtre jambière se serre derrière l'attelle jambière externe.

EE. Extrémité du moignon. Elle ne touche pas le fond de la botte. BF, Pièce de bois et de liège formant le fond de la botte.

A'. Articulation des attelles jambières et du fond de la botte avec le pied.

P'. Pièce du pied artificiel représentant les régions tarsienne et meta-tarsienne.

O. Pièce du pied artificiel représentant les orteils.

A''. Articulation des deux pièces du pied entre elles.

(1) Le docteur Goyrand (d'Aix), Mémoire sur l'amputation de la jambe (*Journal hebdomadaire des Progrès des Sciences et Institutions médicales*, 1835).

PL. 6.

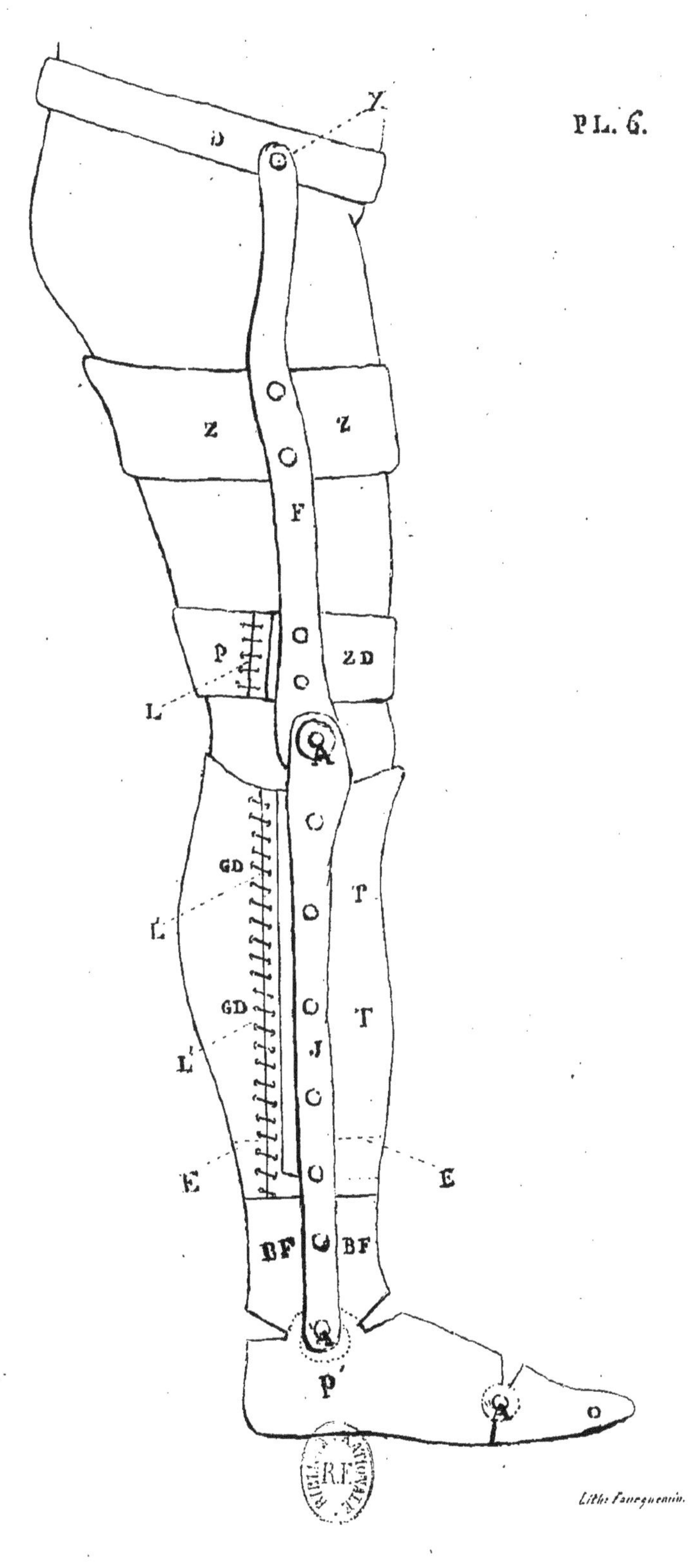

Lith. Fauquemin.

PLANCHE VII

Jambe artificielle de Mille (*Loco cit*).

L'appareil appliqué sur le membre, et vu par son côté interne, la structure et le mécanisme du pied.

F. Attelle fémorale interne.

ZZ. Zône supérieure vue par son côté iuterne.

BBB. Pièce de bois formant la base du fond de la botte.

LL. Pièces de liège qui complètent la forme de la partie inférieure de la jambe.

B' B' B' B' B'. Pièces de bois formant la base de la partie postérieure du pied.

L' L' L'. Pièces de liège complétant les formes des régions tarsienne et méta-tarsienne.

B''. Pièce de bois qui forme la base de la partie antérieure du pied.

L''. Pièce de liège complétant la forme de la partie antérieure du pied.

R. Ressort de la jointure du pied avec le fond de la botte.

R' Ressort de la jointure des deux pièces du pied entre elles.

PL. 7.

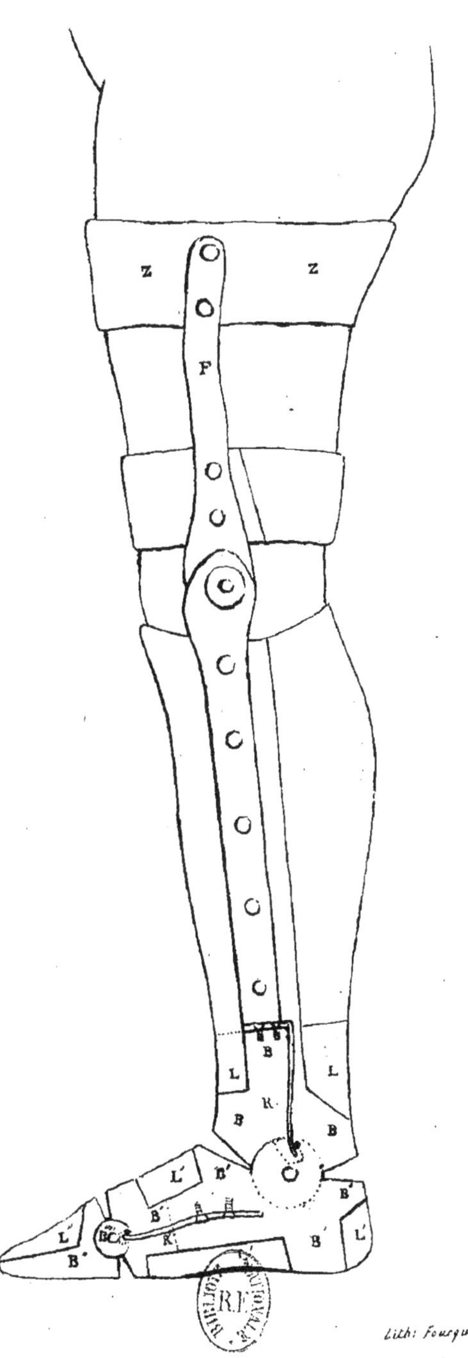

Lith: Fourquemin.

PLANCHE VIII

Seconde jambe artificielle de Mille (d'Aix)
1836

C. Ceinture en cuir, articulée en X avec l'attelle fémorale.

F. Attelle fémorale externe.

J. Attelle jambière.

A. Articulation des attelles jambière et fémorale, et verrou formant arrêt pour s'opposer à la flexion du genou : le verrou ou *gaschette* est mu par un cordon.

ZZ. Zônes de la cuisse.

L. Lacet de la pièce de peau.

T. Pièce de tôle jambière.

BF. Partie inférieure du membre artificiel.

A' Articulation du pied avec la jambe.

P. Le pied artificiel.

o. La partie représentant les orteils.

PLANCHE IX

Première jambe artificielle de Ferdinand Martin (1836)

A. Gaîne en cuir ferme, embrassant la cuisse et présentant un bourrelet à sa partie supérieure pour recevoir la tubérosité de l'ischion.

B. Courroie servant à fermer la gaîne fémorale et à la serrer modérément sur la cuisse.

C. Attelle fémorale.

D. Attelle jambière.

E. Gaîne en peau, lacée sur le devant et embrassant le moignon sans le comprimer.

F. Demi-cercle d'acier réunissant les attelles jambières.

G. Courroie complétant le cercle formé en partie par F.

H. Le pied.

I. L'articulation de la jambe avec le pied artificiel.

K. La partie inférieure de l'attelle jambière.

L. Centre de l'articulation des attelles.

M. Ressort de batterie de fusil agissant sur l'extrémité de la chaînette.

N. Point de l'attelle jambière externe sur lequel est fixée la chaînette O.

PP. Verrou entrant dans une entaille pratiquée à la partie supérieure de l'attelle jambière et servant à rendre la jambe artificielle rigide.

PL. 9.

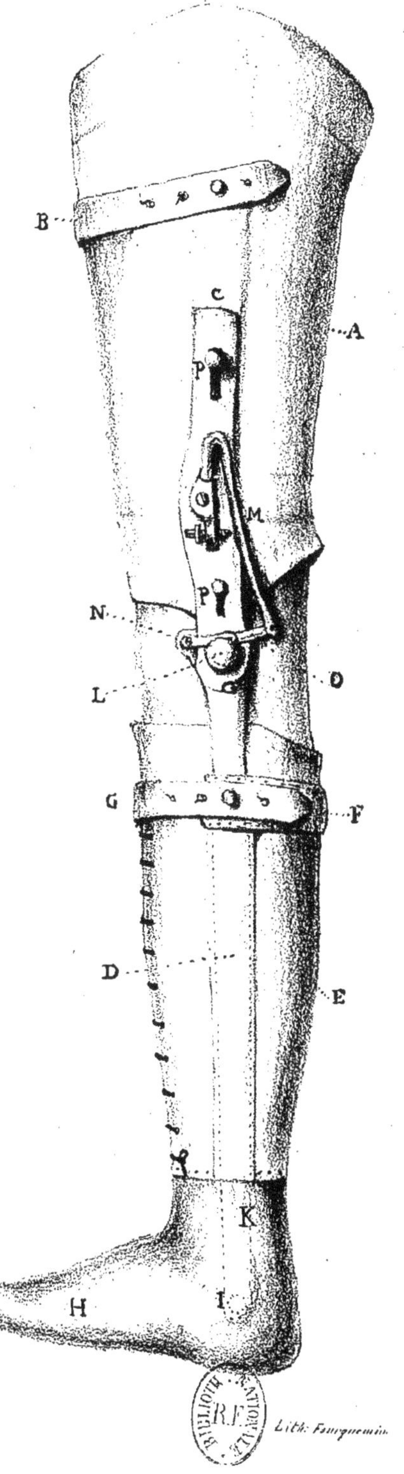

PLANCHE X

Anatomie du genou

Fig. 1. Coupe du membre inférieur dessiné au diagraphe d'après nature.

A. Le fémur.

B. Le tibia.

C. Le péroné.

D. La rotule.

E. Le ligament latéral externe.

F. Le ligament croisé postérieur (ponctué).

G. Le ligament croisé antérieur (aussi ponctué).

H. Point où se réunissent tous les ligaments et qui devient le centre des mouvements du genou.

Fig. 2. L'articulation fémoro-tibiale, côté externe.

Fig. 3. La même articulation, côté interne.

Ces deux dernières figures sont réduites au diagraphe, d'après les planches anatomiques de M. le professeur Cloquet.

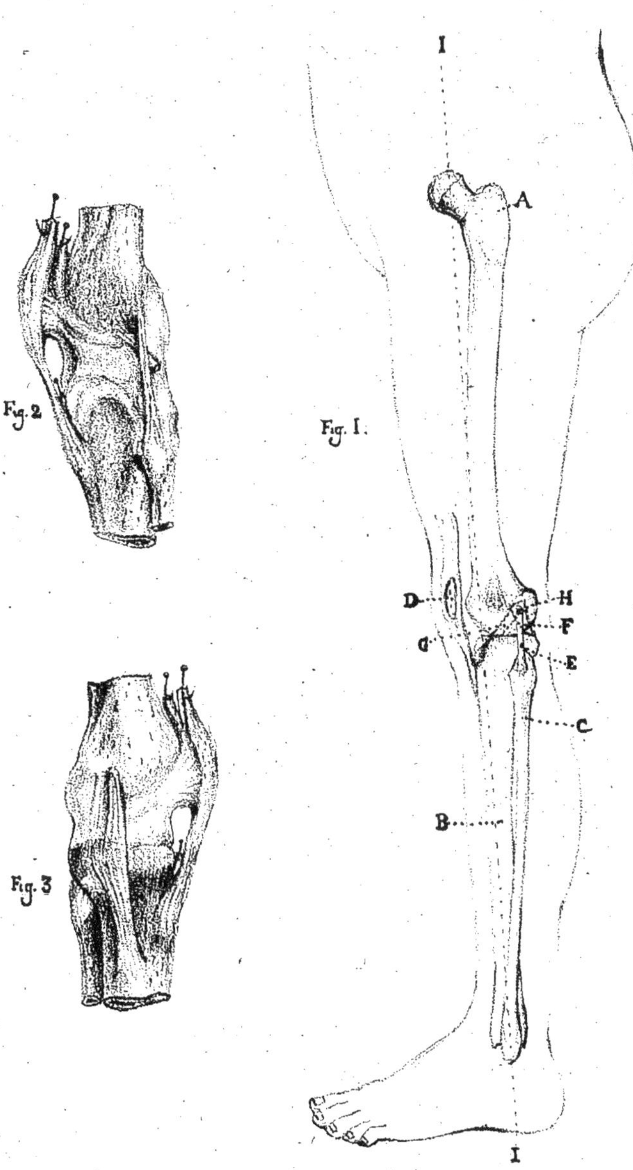

lith. Fourquemin.

PLANCHE XI

Seconde jambe artificielle de Ferdinand Martin (1842)

A. Le cuissart fermé par les courroies BB.

C. L'attelle fémorale fixée sur le cuissart et s'articulant avec l'attelle jambière D.

E. La gaîne en peau embrassant le moignon.

F. Le demi-cercle d'acier réunissant les attelles jambières et se terminant antérieurement par la courroie G.

H. Le pied artificiel.

I. Son articulation avec l'attelle jambière.

K. Pièce en bois figurant le bas de la jambe.

L. L'articulation du genou du membre artificiel placée vis-à-vis le centre de l'articnlation du genou naturel, c'est-à-dire à l'union des 5/6mes antérieurs avec le 1/6me postérieur du diamètre antéro-postérieur du membre.

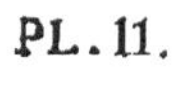
PL. 11.

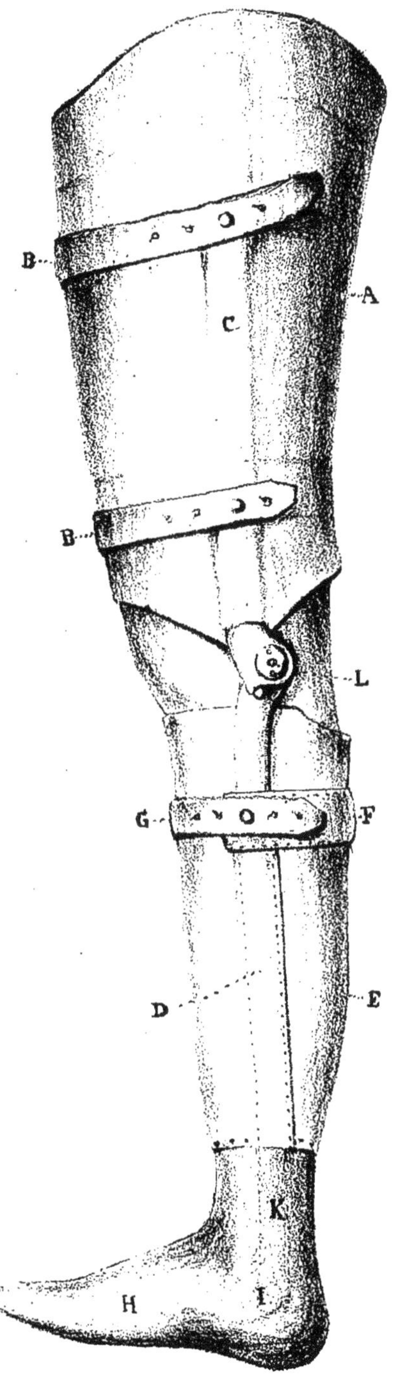
B
A
C
B
L
G
F
D
E
K
H
I

PLANCHE XII

La même jambe vue du côté interne

A. Le cuissart.
A' Point sur lequel repose la tubérosité sciatique.
BB. Les courroies qui ferment le cuissart.
C. L'attelle fémorale.
D. L'attelle jambière.
E. La gaîne du moignon.
F. Le demi-cercle d'acier.
G. Sa courroie.
H. Le pied artificiel.
I. Son articulation.
K. Le bas de la jambe.
L. L'articulation du genou.

PL. 12.

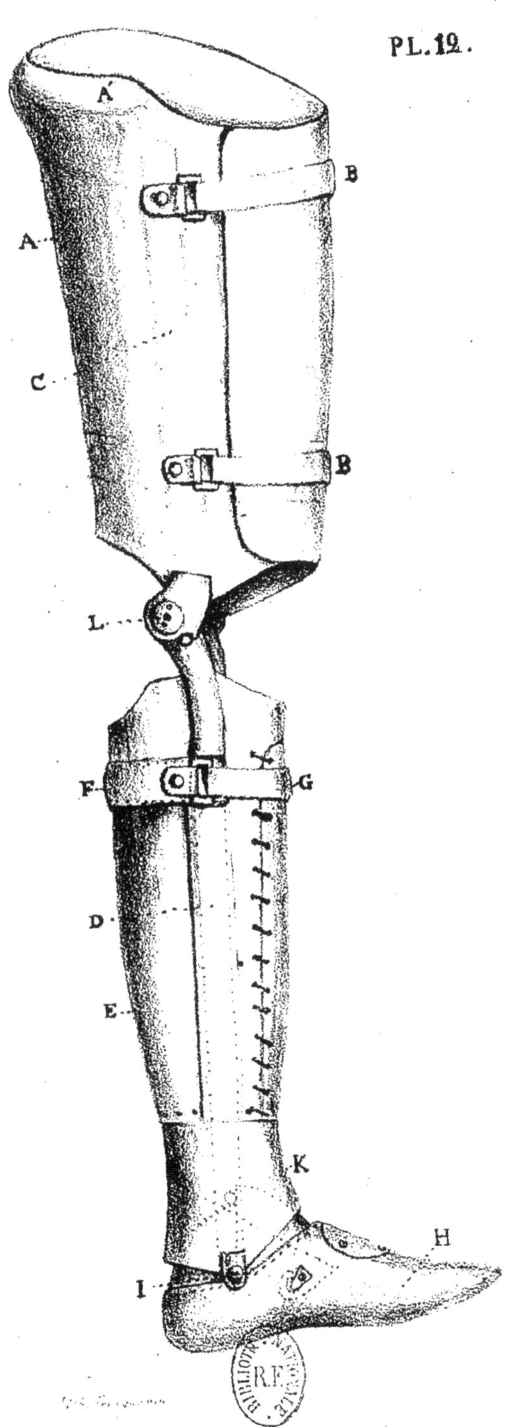

PLANCHE XIII

La même jambe sans pied

A. Le cuissart fermé par les courroies BB.

C. L'attelle fémorale.

D. L'attelle jambière.

E. La gaîne en peau embrassant le moignon.

F. Le demi-cercle postérieur réunissant les attelles jambières et se terminant par la courroie G.

K. Douille en fer destinée à recevoir le tampon I.

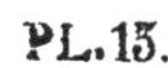
PL. 15.

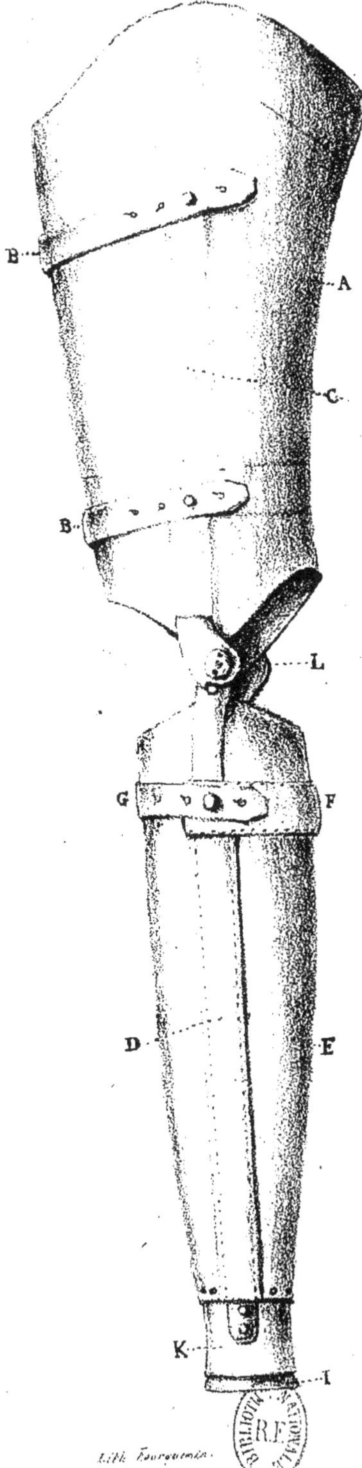
B
A
C
B
L
G
F
D
E
K
I
Lith. Fourquemin.

PLANCHE XIV

Amputation au lieu d'élection

LE PILON, ou *jambe des pauvres*, d'Ambroise Paré

FIG. 1. Le simple pilon.

A. Le corps de l'appareil.

B. Le pilon.

C. La ceinture.

D. Le coussin.

E. Courroie servant à fixer le genou au fond de l'appareil.

FIG. 2. Le même appareil dans lequel nous avons substitué une suspension, une sorte de hamac D, au coussin de la figure précédente.

PL. 14.

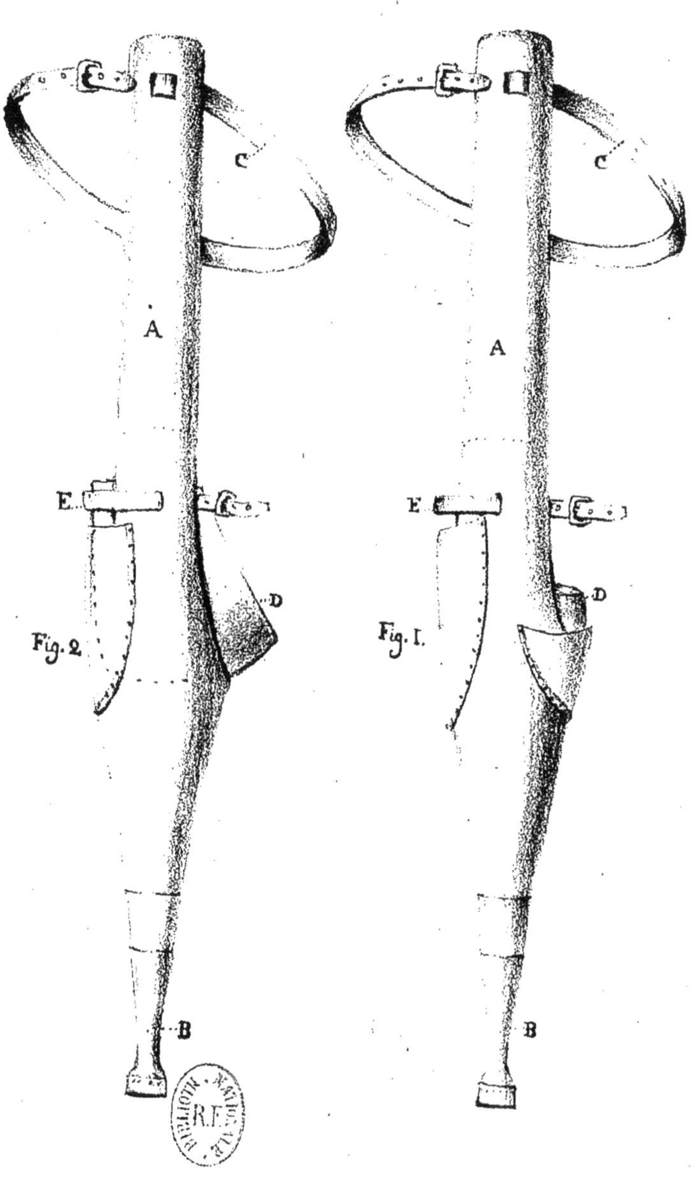

lith. Fourquemin.

PLANCHE XV

Fig. 1. Jambe fabriquée à Vienne pour un cas de désarticulation du genou, et employée par un fabricant d'instruments de chirurgie de Paris pour un cas d'amputation sus-malléolaire; seulement, dans cette dernière circonstance, l'appareil était inflexible.

A. La partie fémorale.

B. La partie jambière en fer et percée de trous pour la rendre plus légère.

C. Un verrou ou *gaschette* qui permettait de fléchir le membre artificiel pour la station assise.

D. Le pied en fer creux et percé de trous.

E. L'articulation du membre artificiel avec la ceinture.

E. E. Courroie servant à fixer la cuisse dans l'appareil.

Fig. 2. Jambe artificielle que nous avons trouvée à l'état de très vieille féraille en 1815, sur l'un des ponts de Paris.

A. L'attelle fémorale en fer et se continuant avec le plancher du coussin et l'atelle interne.

B. Partie de la jambe en fer et s'articulant avec la partie fémorale.

C. La jambe en bois creusée à son intérieur.

D. Le pied aussi en bois.

E. Gaîne en peau fixée sur les attelles fémorales et embrassant la cuisse.

F. Verrou maintenant le membre rigide pendant la station et la progression, et ne permettant la flexion que pour la station assise.

G. La ceinture.

PL. 15.

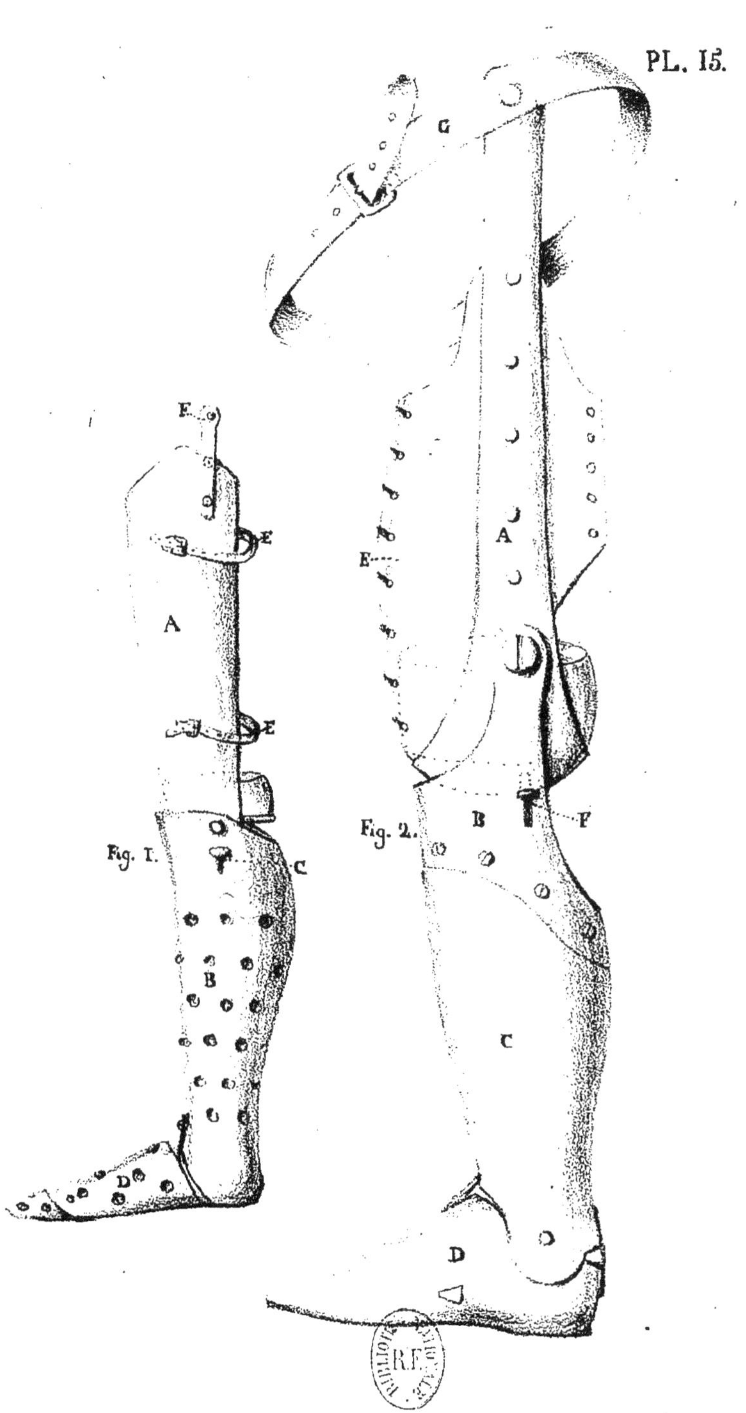

lith. Fourquemin

PLANCHE XVI

Amputation au lieu d'élection

Jambes artificielles de Ferdinand Martin

Fig. 1. Jambe rigide en marchant et pouvant se fléchir, seulement pour la station assise.

A. Partie antérieure du cuissart en cuir ferme.

B. Partie postérieure en veau et lacée à la partie interne.

C. L'attelle fémorale externe.

D. La partie jambière.

E. L'attelle jambière.

F. La genouillière ou hamac.

G. L'articulation des attelles fémorale et jambière.

H. Le pied.

I. L'articulation de la jambe avec le pied.

J. Verrou ou *gaschette* fixant le membre artificiel dans l'extension.

Fig. 2. Jambe artificielle flexible pendant la marche.

A. Le cuissart en cuir ferme.

B. La partie postérieure du cuissart en veau.

C. L'attelle fémorale externe.

D. La jambe.

E. L'attelle jambière.

F. La genouillière.

G. L'articulation des attelles fémorale et tibiale reportée en arrière, au niveau du centre naturel de l'articulation du genou.

H. Le pied.

I. L'articulation du pied.

J. Le verrou, pouvant rester suspendu à une certaine hauteur par le crochet K, pour permettre la flexion du genou pendant la marche et s'opposer aux chûtes.

PL. 16.

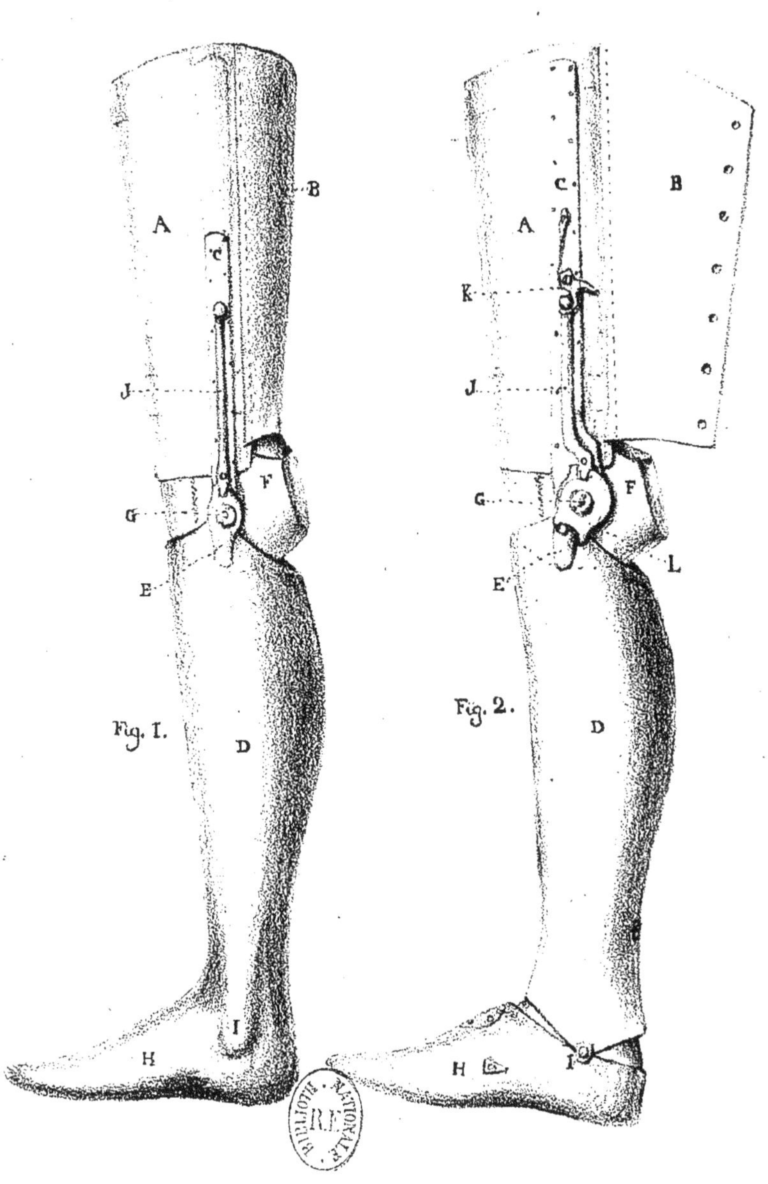

lith. Fourquemin.

PLANCHE XVII.

Fig. 1. Le cuissart ordinaire en bois (cuissart des Invalides);

A. Le corps du cuissart, fabriqué en bois de tilleul, et creusé à l'intérieur pour recevoir le moignon.

B. Le pilon ou quille.

C. La ceinture reçue dans les mortaises du corps A.

D. Ouverture par laquelle le malade tire le linge qui doit introduire le moignon dans le cuissart.

Fig. 2. Jambe artificielle que nous avons vue portée par un militaire, employé à l'hôtel des Invalides, pour un cas d'amputation au lieu d'élection.

A. L'attelle externe de la jambe de bois.

B. La jambe proprement dite.

C. La ceinture.

D. L'articulation artificielle située au-dessus du tiers moyen de la jambe.

E. La courroie qui maintient le genou dans l'appareil.

PLANCHE XVII

Fig. 1. Le cuissart ordinaire en bois (cuissart des Invalides).

A. Le corps du cuissart, fabriqué en bois de tilleul, et creusé à l'intérieur pour recevoir le moignon.

B. Le pilon ou quille.

C. La ceinture reçue dans les mortaises du corps A.

D. Ouverture par laquelle le malade tire le linge qui doit introduire le moignon dans le cuissart.

Fig. 2. Jambe artificielle que nous avons vue portée par un militaire, employé à l'hôtel des Invalides, pour un cas d'amputation au lieu d'élection.

A. L'attelle externe de la jambe de bois.

B. La jambe proprement dite.

C. La ceinture.

D. L'articulation artificielle située au-dessus du tiers moyen de la jambe.

E. La courroie qui maintient le genou dans l'appareil.

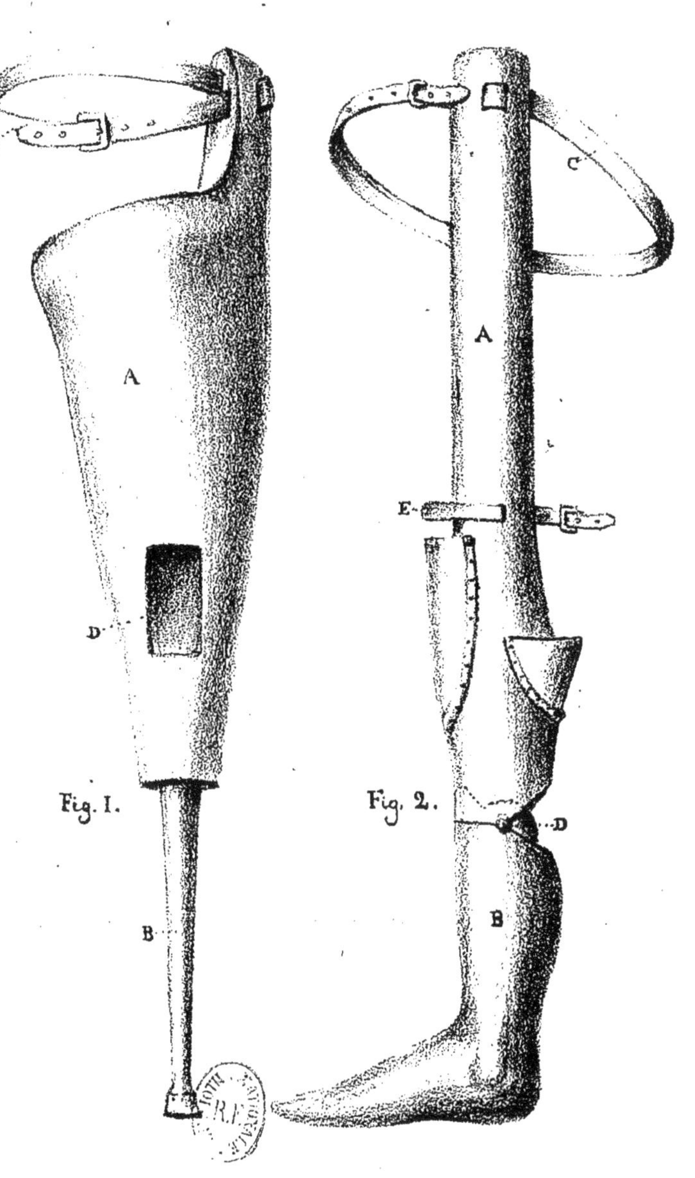

lith. Fourquemin.

PLANCHE XVIII

Jambe des riches d'Ambroise Paré

Pourtraict des jambes artificielles

Le lien par lequel on tire l'anneau de la gaschette pour plier la jambe.

1. Le cuissot auec les cloux à viz, et les trous desdits cloux pour eslargir ou estendre sur la cuisse qui sera dedans.

2. La pomme pour poser et appuyer la main dessus et se tourner.

3. Le petit anneau qui est au-deuant de la cuisse, pour dresser et conduire la jambe où l'on veut.

4. Les deux boucles de deuant et celle de derrière pour tenir et attacher au corps du pourpoint.

5. Le petit fond au bas, dedans lequel se met la cuisse iusques à deux doigts près du bout, seruant aussi à faire la beauté et forme de la jambe.

6. Le ressort qui fait mouuoir la gaschette qui ferme la jambe.

7. La gaschette qui tient le baston de la jambe droit et ferme de peur qu'il ne renuerse.

8. L'anneau auquel est attachée vne corde pour tirer la gaschette, afin que le baston se puisse plier lors que l'on se sied et que l'on est à cheual.

9. La charnière pour faire iouer et mouuoir la jambe mise au deuant du genouïl.

10. Vn petit estoqueau ou arrest pour garder que la gaschette ne passe outre le cuissot; car si elle passoit outre, le ressort se romproit et l'homme tomberoit.

11. La virolle de fer dedans laquelle le baston est inseré.

12. L'autre virolle au bout du baston, qui porte une charnière à faire mouuoir le pied.

13. Vn ressort pour faire remettre et reietter le pied en sa place.

14. L'arrest qui sera au ressort pour reietter le pied en bas.

Jambe reuestue

A. Lames pour la beauté du genouïl.
B. La greue pour la beauté et forme de la jambe.
C. Le gras pour acheuer la forme de la jambe.
D. Lames pour former le coup de pied.

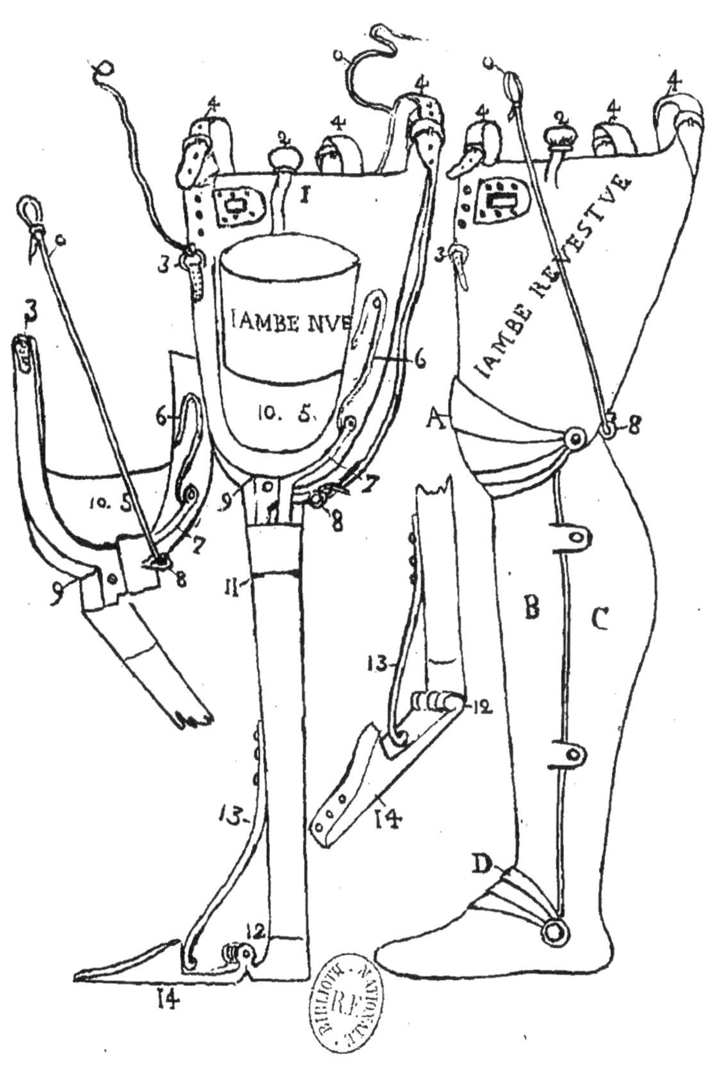

Lith. Fourquemin.

PLANCHE XIX

Amputation de la cuisse

Fig. 1. Cuissart flexible pour la station assise.

A. Le cuissart en cuir ferme s'ouvrant par devant.

B. Le pilon.

C. L'articulation du genou.

D. Le verrou qui fixe le membre dans l'extension.

E. Courroie servant à fermer le cuissart et à le proportionner au volume du moignon.

F. La ceinture.

G. Extrémités de l'épaulette qui va passer sur l'épaule du côté opposé.

Fig. 2. Cuissart flexible très simple.

A. Le cuissart.

B. Le pilon, flexible sur un point de sa longueur rapproché autant que possible du centre du genou.

C. Le point de flexion du pilon.

D. Douille qui permet la flexion lorsqu'elle est relevée et maintient le membre rigide lorsqu'elle est abaissée et couvre le point de la flexion.

E.
F. } Comme dans la figure précédente.
G.

PL. 19.

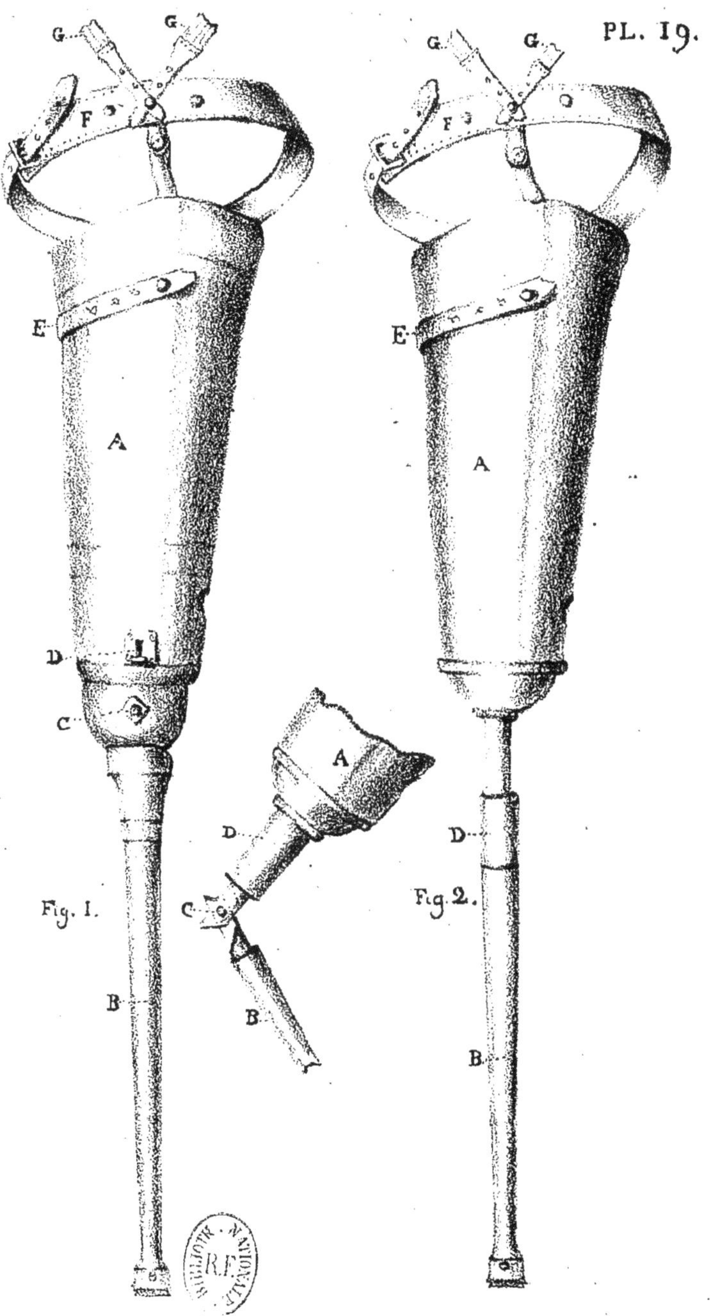

lith. Fourquemin.

PLANCHE XX

Amputation de la cuisse

Fig. 1. Jambe artificielle de M. W. Sand Lasser.

A. Le cuissart en bois.

B. La jambe aussi en bois et creusée à l'intérieur.

C. Le pied.

D. La ceinture.

E. L'articulation du genou.

F. L'insertion supérieure de la corde.

G. Son insertion inférieure.

Fig. 2. Jambe artificielle, rigide en marchant, de Ferdinand Martin.

A. Le cuissart en cuir.

B. La jambe.

C. Le pied.

D. La ceinture.

E. L'articulation du genou.

F. Le verrou.

G. La courroie pour fermer et serrer le cuissart.

H. L'articulation du pied avec la jambe.

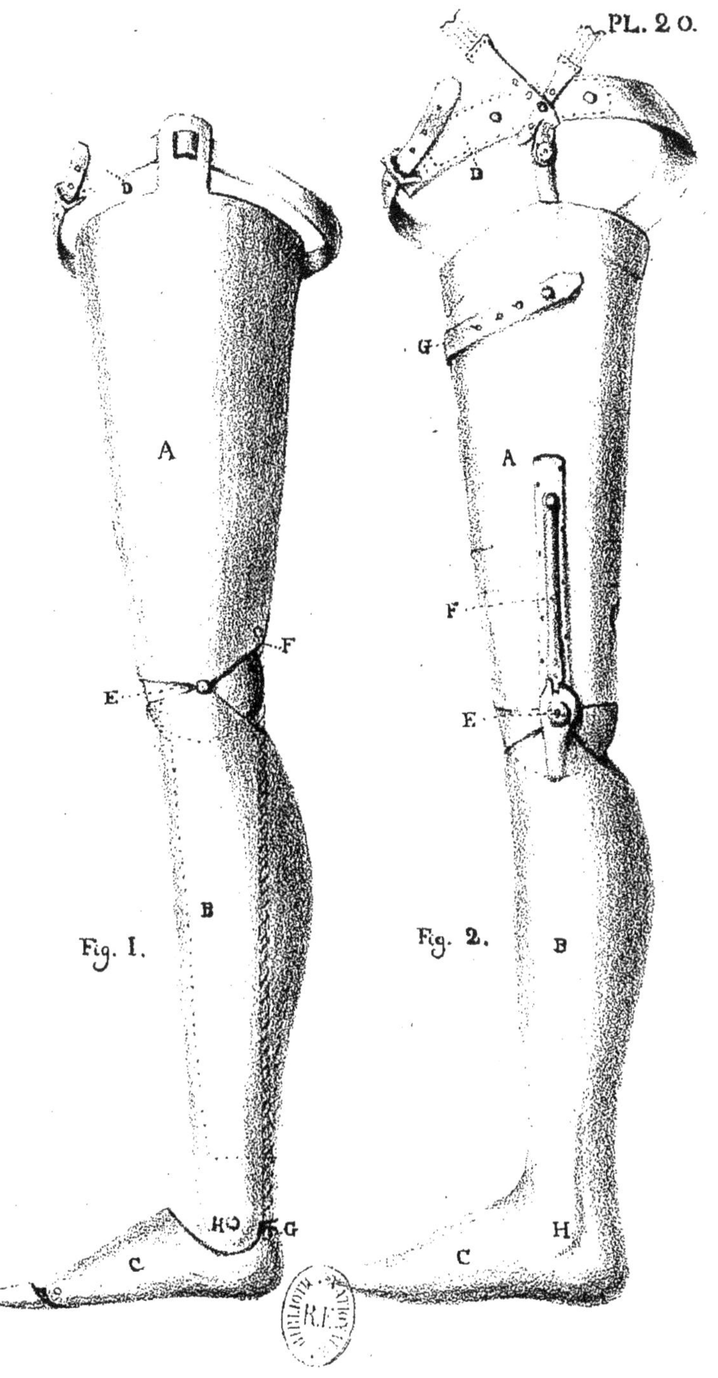

lith. Fourquemin

PLANCHE XXI

Amputation de la cuisse

Jambe artificielle flexible pendant la marche. (Ferdinand Martin)

Fig. 1. La jambe artificielle pendant la station.

A. Le cuissart.

B. La ceinture.

C. L'attelle fémorale.

D. La jambe.

E. L'attelle jambière.

F. Le genou figuré en bois léger ou en liège.

G. Le centre de l'articulation.

H. Le pied.

I. L'articulation du pied.

J. Le verrou retenu, soulevé par le crochet K.

P. Le petit barillet renfermant le ressort qui repousse la jambe en avant.

M. La courroie du cuissart.

Fig. 2. La jambe artificielle fléchie jusqu'au point où elle s'arrête dans un faux pas.

Les lettres sont les mêmes qu'à la figure 1.

PL. 21.

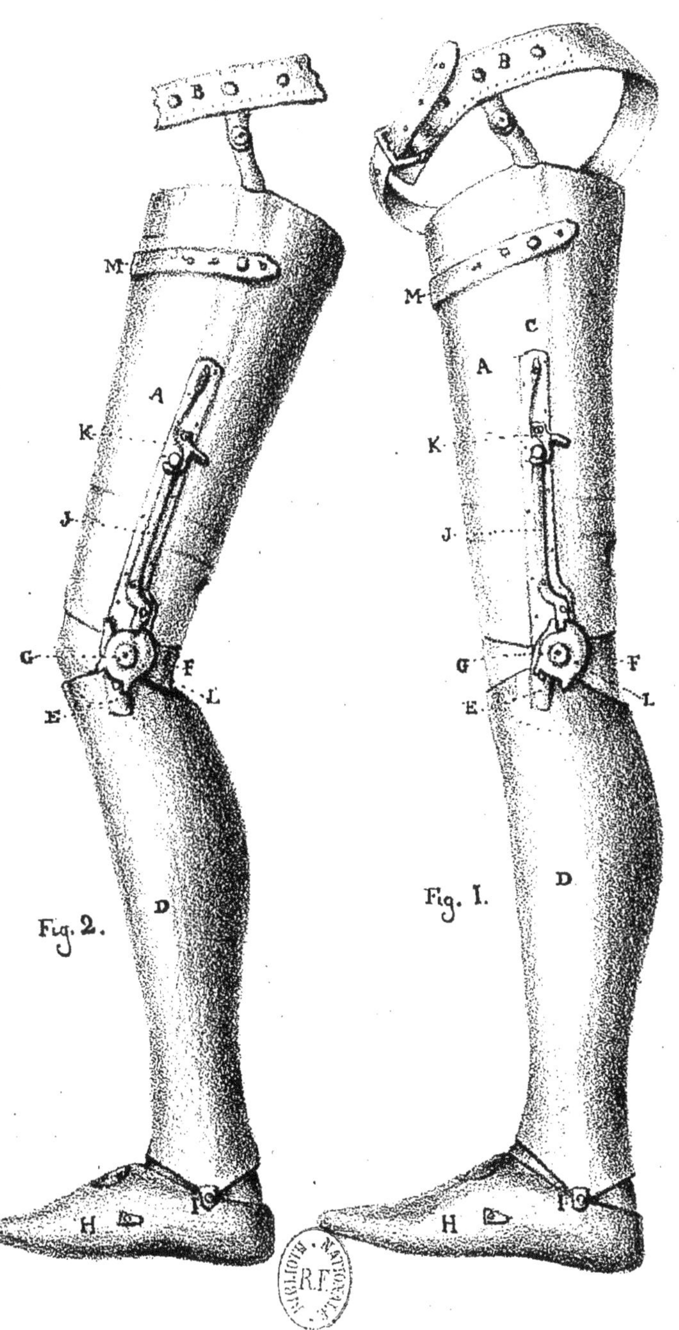

lith. Fourquemin

PLANCHE XXII

Désarticulation du genou

Jambe artificielle. (Ferdinand Martin)

A. Le cuissart.

B. La jambe.

C. L'attelle fémorale.

D. L'attelle jambière.

E. Le verrou.

F. L'articulation du genou.

G. La courroie du cuissart.

H. Le pied.

I. L'articulation du pied.

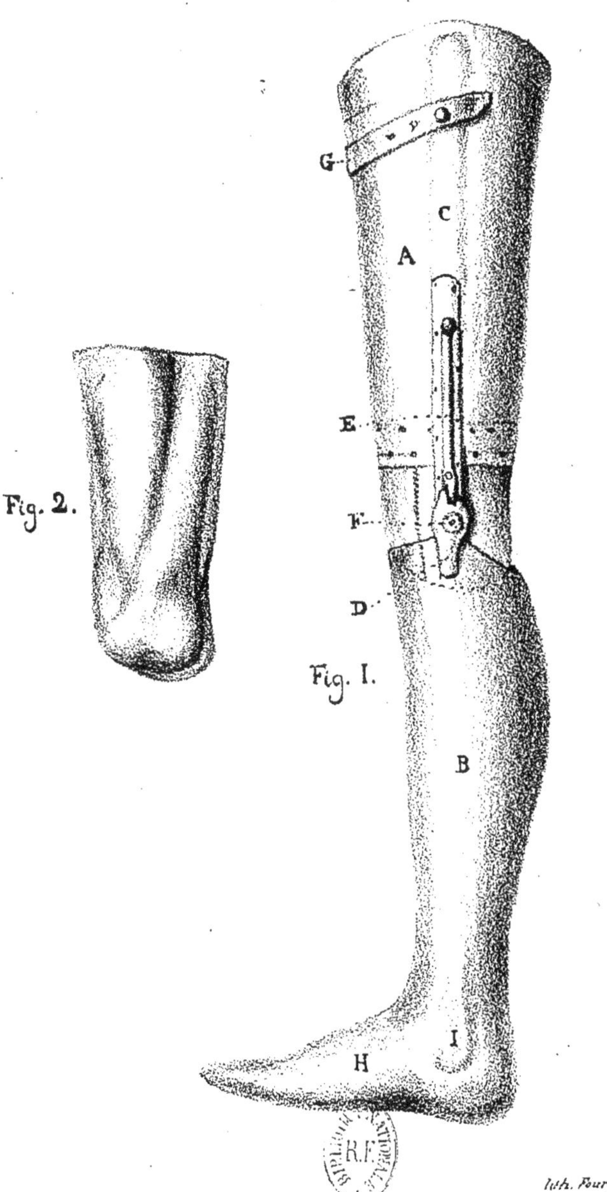

Fig. 2.

Fig. I.

lith. Fourquemin.

PLANCHE XXIII

Désarticulation du fémur

Fig. 1. Appareil du Dr Foullioy.

a. b. Lanières de cuir destinées à passer par les boucles pour fixer, en devant le membre, au corset.

c. Lanière de cuir destinée à passer dans la boucle, pour fixer le membre en haut.

D. Cavité antérieure, qui reçoit la partie supérieure du membre et permet la flexion.

H. Cavité postérieure simulant le creux du jarret.

Fig. 2. Jambe employée aux Invalides pour le même cas d'amputation.

A. Partie sur laquelle repose la tubérosité sciatique.

B. Le pilon.

C. La ceinture.

PL. 23.

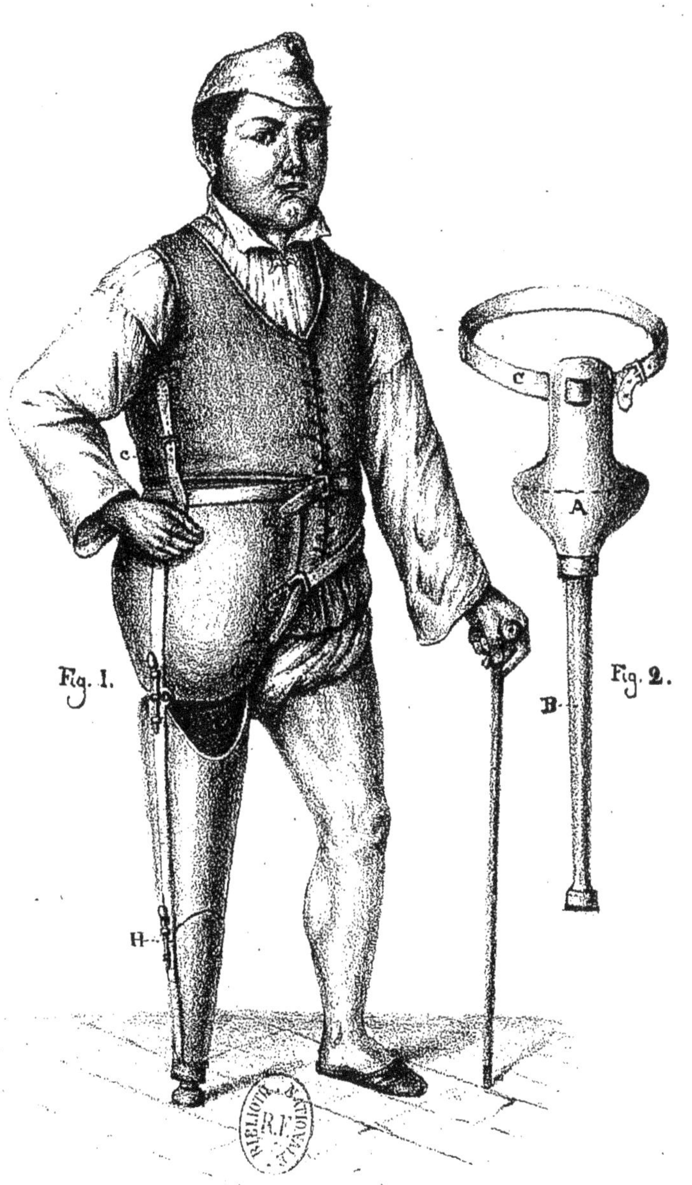

lith. Fourquemin.

PLANCHE XXIV

Amputation partielle du pied

Fig. 1. Appareil imaginé par Ferdinand Martin, pour un cas d'amputation tarsienne.

A. Le moignon.

B. Le bout du brodequin maintenu creux pour empêcher tout contact avec la cicatrice.

C. Attelle externe inflexible fixée sur une semelle en acier et montant jusqu'au collier D, lequel embrasse la jambe au-dessous du genou.

E. Semelle en bois doublée de fer.

F. Liège sur lequel le moignon repose.

Fig. 2. Appareil pour l'amputation tarso-métatarsienne. (Ferdinand Martin).

A. Le moignon.

B. Le bout du brodequin.

C' C'. L'attelle externe articulée au niveau des malléoles.

D. Le collier.

E. La semelle.

F. Liège sur lequel le moignon repose.

Fig. 3. Appareil imaginé par Ferdinand Martin, pour l'amputation selon la méthode de Chopart.

A. Le brodequin.

B. La semelle garnie en fer.

C. L'attelle externe.

D. Le collier.

Fig. 4. Bottine employée par un fabricant d'instruments.

A. Le brodequin.

B. Partie en liège représentant l'avant-pied.

C. Arc-boutant.

PL. 24.

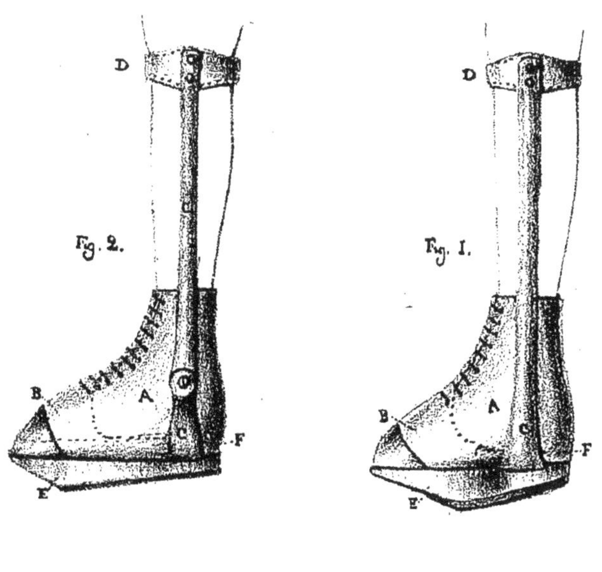

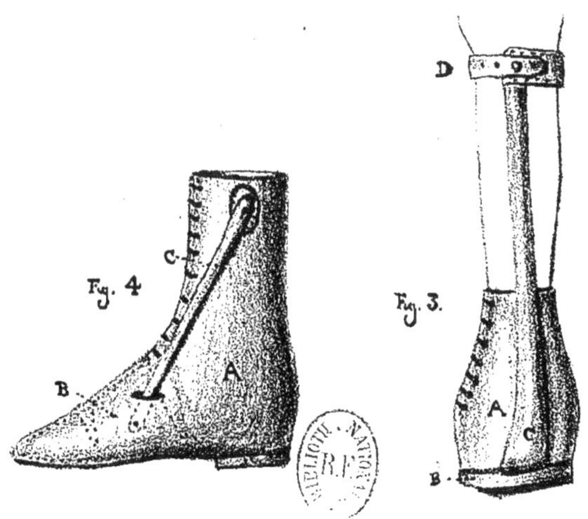

lith. Fouquemin

PLANCHE XXV

Amputations partielles du pied

Fig. 1. Le moignon après l'amputation de Chopart.

Fig. 2. Appareil de Ferdinand Martin.

A. Gaîne en cuir, moulée snr le moignon et l'embrassant exactement sur toute la surface.

B. L'attelle externe rivée et cousue avec la gaine, et articulée avec l'étrier C.

D. L'avant-pied se continuant avec une semelle en acier sur laquelle est fixé l'étrier C.

E. Elastique maintenant la semelle.

F. L'articulation.

Fig. 3. L'appareil chaussé.

A. La gaîne.

B. L'attelle externe.

C. Le brodequin.

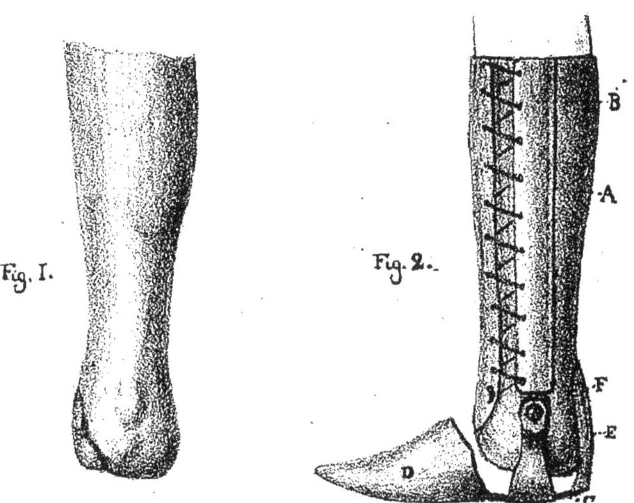

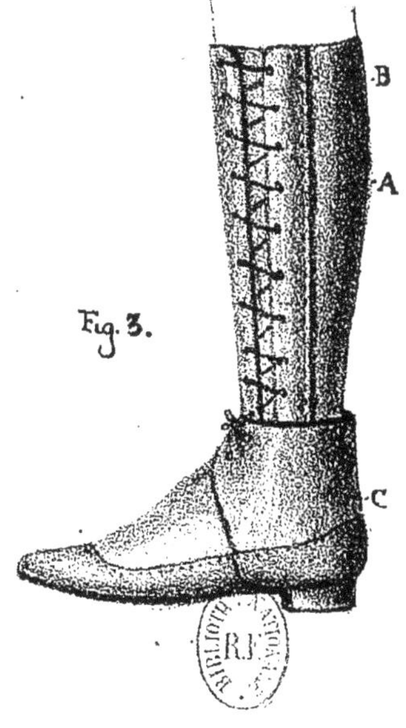

lith. Fourquemin.

PLANCHE XXVI

Ambroise Paré. — *Figure d'un homme boiteux situé sur vne potence de grand artifice*

« A. Monstre l'arbre de la potence, lequel est de bois.

B. Le siège qui est de fer, lequel embrasse la cuisse le long du ply de la fesse.

C. L'arc-boutant qui soustient ledit siège.

D. L'estrier de fer, sur lequel est posée la plante du pied, lequel est crochu, afin de tenir le pied sujet.

E. L'arc-boutant dudit estrier.

F. Vn fer à plusieurs pointes pour tenir la potence, qu'elle ne glisse.

G. La croix de la potence, laquelle se met sous l'aisselle. »

PL. 26.

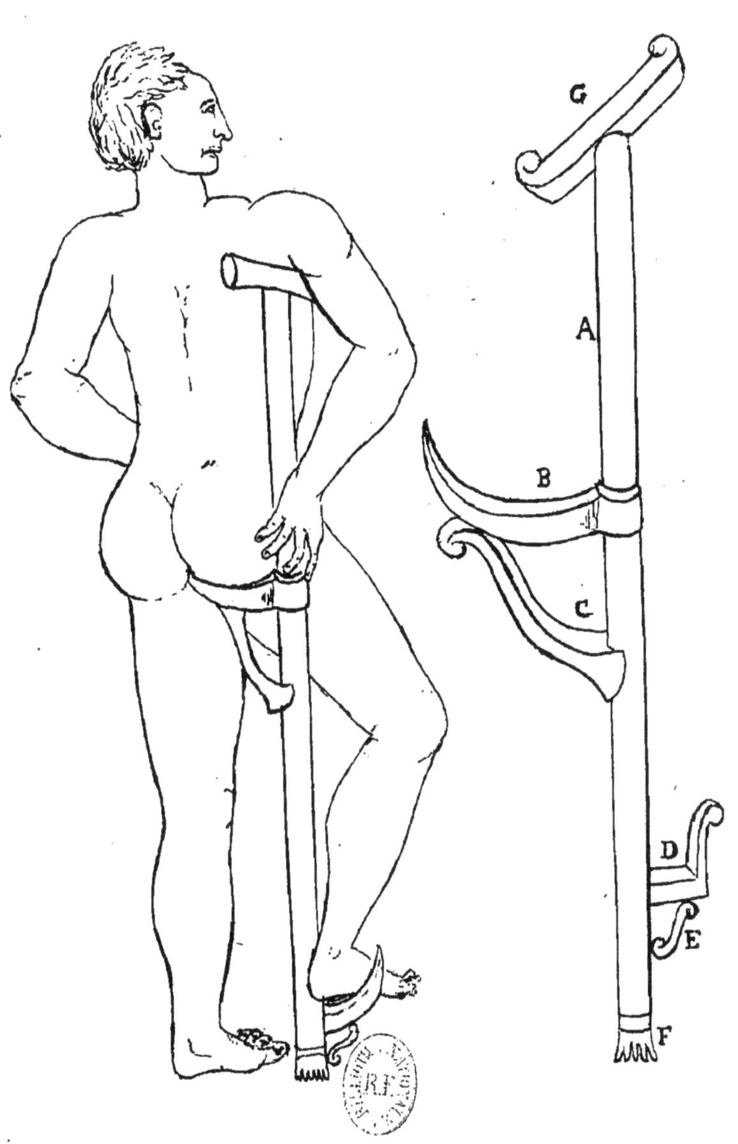

lith. Fourquemin.

PLANCHE XXVII

Fig. 1. Appareil nommé *Sellette*, pour un cas de flexion de la jambe sur la cuisse.

A. La jambe.

B. Chaussure reposant sur une semelle de fer.

C. Le point d'appui.

D. Courroies fixant la cuisse sur l'appareil.

E. Le pilon ou support.

Fig. 2. Appareil imaginé par Ferdinand Martin pour remplacer le précédent.

A. La jambe.

B. Le pied mis dans un certain degré d'extension et placé dans un chausson fixé sur l'appareil.

C. Goutière en cuir, présentant un point d'appui à la cuisse par sa face interne, et, par continuité, à la tubérosité sciatique par son bord supérieur.

D. Large bande de peau fixant la cuisse dans la goutière.

E. Pièce en bois figurant le bas de la jambe et servant de support au pied.

F. Le faux pied.

G. La tige de la botte vue par sa face interne et coupée en deux.

Fig. 3. Un patin.

A. La chaussure fixée sur le patin.

B. Le Patin.

Fig. 4. Appareil construit d'après le vœu du malade et imaginé par Ferdinand Martin.

A. La jambe.

B. La chaussure présentant une semelle en acier et articulée d'une part avec les attelles latérales, et de l'autre avec la branche E.

C. Goutière en cuir embrassant la cuisse et complétée par la bande de peau D.

E. Branche en acier établissant une communication de mouvements entre le pied naturel et le faux pied.

F. L'articulation du faux pied avec les attelles latérales.

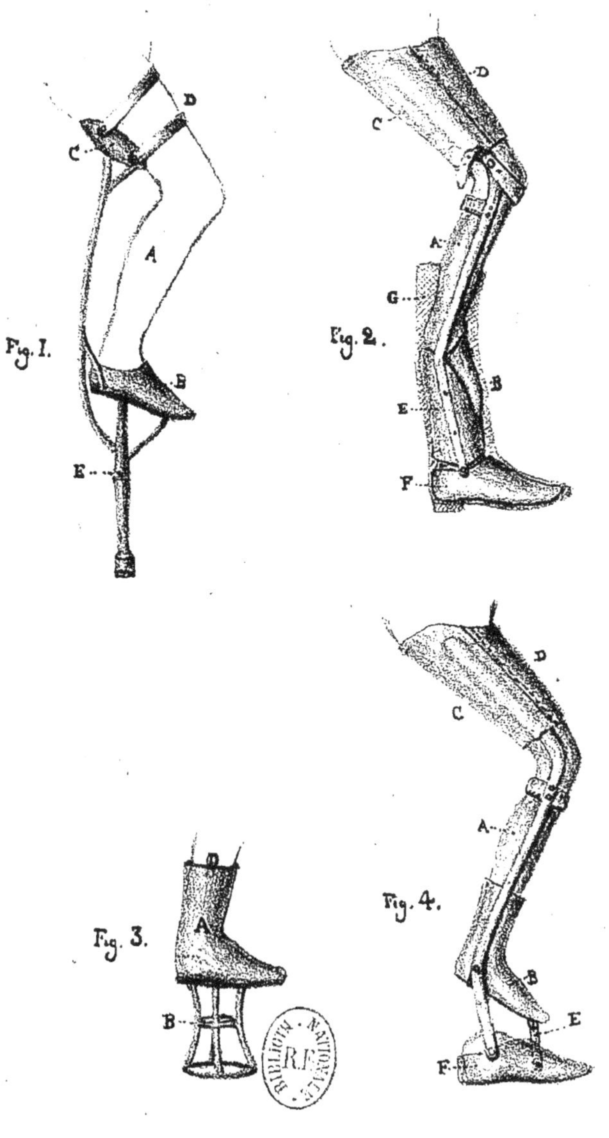

lith. Fourquemin.

PLANCHE XXVIII

Fig. 1. Appareil pour une flexion angulaire du genou, imaginé par Ferdinand Martin, pour une dame.

A. La goutière embrassant la cuisse.

B. Les attelles latérales coudées pour suivre les contours du membre.

C. La chaussure.

D. Le support du pied articulé par sa partie antérieure, avec le faux pied.

E. Le faux pied porté en avant pour le faire paraître sous les vêtements.

Fig. 2. Appareil pour un membre paralysé complètement.

A. Le cuissart présentant en B un point d'appui à la tubéroisté sciatique.

C. Les attelles latérales.

D. Etrier fixé dans la chaussure et articulé avec les attelles.

E. Verrou semblable à celui des jambes artificielles rigides.

F. Bande d'acier réunissant le verrou E, à son symétrique et servant à les relever ensemble pour la flexion du membre.

Fig. 3. Appareil pour un raccourcissement du membre, employé aussi dans quelques cas de luxation du fémur.

A. Le pied maintenu dans l'extension à l'aide d'un chausson qui lui sert de point d'appui.

B. Pièce en bois servant de support au pied et simulant le bas de la jambe.

C. Braclet en cuir souple fixant le pied sur la pièce B.

D. Le faux pied.

E. Collier embrassant la jambe à la jarretière.

F. Attelles fixées sur la pièce B et au collier E, et articulées avec le faux pied.

Typographie BUREAU, 14, rue Gaillon.

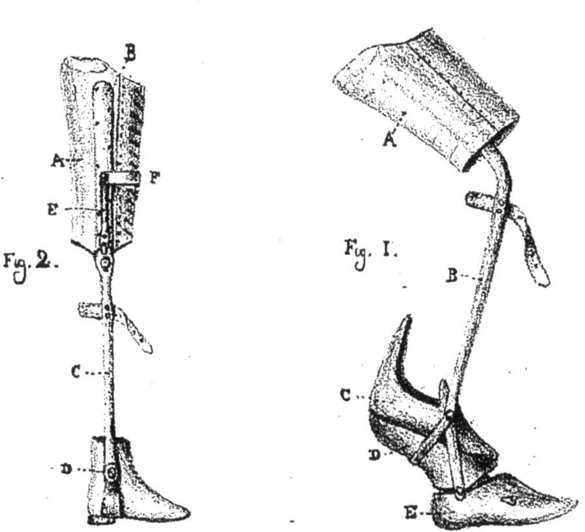

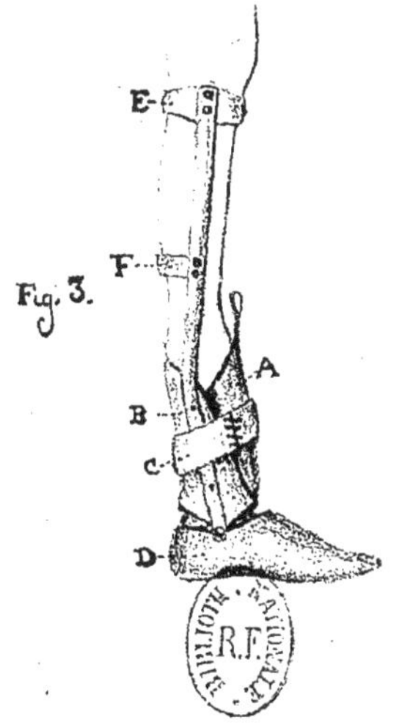

Lith. Fourquemin.

www.ingramcontent.com/pod-product-compliance
Ingram Content Group UK Ltd.
Pitfield, Milton Keynes, MK11 3LW, UK
UKHW020134220726
13923UKWH00001B/158